NORMA,

TRAGÉDIE EN CINQ ACTES ET EN VERS,

PAR M. ALEXANDRE SOUMET

DE L'ACADÉMIE FRANÇAISE.

REPRÉSENTÉE POUR LA PREMIÈRE FOIS, SUR LE THÉATRE ROYAL DE L'ODÉON, PAR LES COMÉDIENS ORDINAIRES DU ROI, LE 6 AVRIL 1831.

PRIX : 2 FR.

PARIS.

J.-N. BARBA, LIBRAIRE,

PALAIS ROYAL, GRANDE COUR,
DERRIÈRE LE THÉATRE FRANÇAIS.

1831

35,458

NORMA

TRAGEDIE EN CINQ ACTES ET EN VERS.

«J'allais terminer cette tragédie, lorsque je fus surpris par le renouvellement d'une indisposition assez grave. M. Jules Lefèvre, pour m'aider à remplir l'engagement que j'avais contracté envers le directeur de l'Odéon, voulut bien consentir à me prêter dans trois ou quatre scènes l'appui de son beau talent. Je saisis avec empressement l'occasion de témoigner toute ma reconnaissance à ce jeune poète, qui promet à la France d'avoir un jour son lord Byron, et qui vient de partir pour aller, comme lui, consacrer ses talens et son épée à la délivrance d'un grand peuple.

IMPRIMERIE DE E. DUVERGER,
RUE DE VERNEUIL, N° 4.

NORMA

TRAGÉDIE EN CINQ ACTES ET EN VERS,

PAR M. ALEXANDRE SOUMET,

DE L'ACADÉMIE FRANÇAISE.

REPRÉSENTÉE, POUR LA PREMIÈRE FOIS, SUR LE THÉATRE ROYAL DE L'ODÉON, PAR LES COMÉDIENS ORDINAIRES DU ROI, LE 6 AVRIL 1831.

PARIS.
J. N. BARBA, LIBRAIRE,
PALAIS-ROYAL, GRANDE COUR, DERRIÈRE LE THÉATRE-FRANÇAIS.

1831.

PERSONNAGES.	ACTEURS.
POLLION, proconsul de Rome	MM. Lockroi.
OROVÈSE, chef des druides	Éric-Bernard.
SÉGESTE, guerrier gaulois	Delaistre.
FLAVIUS, confident de Pollion	Arsène.
SIGISMAR	Valkin.
NORMA, druidesse	Mmes Georges.
ADALGISE, jeune Gauloise attachée au temple	Noblet.
CLOTILDE, nourrice chrétienne	Béranger.
AGÉNOR, } fils de Norma et de	Tom.
CLODOMIR, } Pollion	Maria.

Druides, Soldats gaulois, Peuple, Prêtresses, trois Soldats, Romains.

NORMA,

TRAGÉDIE EN CINQ ACTES ET EN VERS.

ACTE PREMIER.

Le théâtre représente la forêt sacrée des Druides. Le chêne d'Irminsul occupe le milieu du théâtre; on voit au pied une pierre druidique servant d'autel. La foudre gronde, et des apparitions fantastiques traversent la scène jusqu'à l'entrée des deux Romains.

SCÈNE PREMIÈRE.

POLLION, FLAVIUS.

FLAVIUS.
Pénétrer plus avant, c'est aller à la mort.
POLLION.
Au bonheur, Flavius. Il faut hâter le sort.
FLAVIUS.
Et nous perdre.
POLLION.
Tu crains...
FLAVIUS.
　　　　　　L'ennemi qui se cache,
Et que ne peut trouver le glaive ni la hache;
Ces antres, d'où le jour semble se dérober;
Ces forêts, où la foudre évite de tomber,
Où l'on voit se dresser, sous l'arbre qu'il consacre,

Du sanglant Irminsul l'informe simulacre ;
Où l'homme, vain jouet de qui veut l'éprouver,
Cherche, en rampant, des dieux qu'il tremble d'y trouver,
Et dans les noirs détours de la forêt vivante,
Surprend sur chaque autel un signe d'épouvante.

POLLION.

Eh ! que me font à moi ces prêtres imposteurs,
Ces prodiges grossiers comme leurs inventeurs,
Et, sous un ciel serein, qui dément leur orage,
Ces miracles d'enfans, qui glacent ton courage !
J'entrerai sous leurs yeux.

FLAVIUS.

    Et pourquoi, Pollion,
Hasarder l'avenir, ton bonheur, sans raison ?
Pourquoi, lorsque la nuit peut assurer ta fuite,
Dans les dangers du jour risquer sa réussite ?
Ton bonheur différé devient sûr : c'est ce soir,
Qu'exerçant dans ces bois son magique pouvoir,
La prêtresse, aux lueurs de la lune nouvelle,
Y fait du gui sacré la moisson solennelle ;
Personne n'ose alors affronter leurs détours ;
Et si Norma t'attend comme elle attend toujours...

POLLION.

Qui, Norma, Flavius !

FLAVIUS.

    Et crois-tu que j'ignore
Que ce n'est point le ciel, c'est ta voix qu'elle implore ?

POLLION.

Et moi je crains la sienne : elle m'aime, mais moi,
Le seul bruit de ses pas vient me glacer d'effroi.

FLAVIUS.

La mère de tes fils, qui t'a sauvé la vie ?

POLLION.

Et qui l'a moins sauvée encor que poursuivie.

ACTE I, SCÈNE I.

Chacun de ses bienfaits m'apporte une terreur;
Son dévoûment pour moi ressemble à la fureur.

FLAVIUS.

Malheureuse Norma!

POLLION.

Malheureuse! peut-être;
Mais enfin, son captif est fatigué de l'être.

FLAVIUS.

Faut-il pour t'affranchir, l'envoyant à la mort,
De tes fils dans ton crime envelopper le sort?
Que deviendront tes fils, si ses cris de misère
De leur berceau caché découvrent le mystère?
Veux-tu voir des Gaulois le couteau furieux
Les jeter en pâture à la faim de leurs dieux?

POLLION.

Je saurai les sauver.

FLAVIUS.

Mais Norma, mais leur mère...

POLLION.

Les Gaulois à genoux tremblent sous sa colère;
Ils la respecteront.

FLAVIUS.

Crois-tu ce que tu dis?

POLLION.

Je crois tout ce qui peut briser mes nœuds maudits.
Il semble qu'on ne puisse exister que pour elle,
Et s'éloigner d'un pas, qu'on ne soit infidèle.
Mettant toujours le ciel en tiers dans ses transports,
Elle m'a saturé de l'ennui des remords.
Honteuse dans le cœur d'un amour qu'elle blâme,
Elle jette sur moi le fardeau de son âme,
Et d'un rêve de crime envenime mes jours.
La fièvre de ses traits passe dans ses discours;
Son orgueil insultant, même quand il supplie,

Donne à ses passions le cri de la folie.
Ne prétend-elle pas guider les élémens,
Gouverner l'avenir, prévoir ses mouvemens?
Que ferais-je à la cour d'un spectre tyrannique,
Qui ne lit que ma mort dans son livre mystique?
Elle se prophétise un manquement de foi,
Et son poignard jaloux veille toujours sur moi.

FLAVIUS.

Tu n'as qu'un cœur de femme et tu trahis de même.

POLLION.

Tu n'as pas, Flavius, vu la vierge que j'aime,
Trop pure pour l'autel qui la doit asservir :
A l'amour d'Irminsul le mien veut la ravir.
Déjà moins rigoureux, son front sous mes caresses
Commence à repousser ses voiles de prêtresses;
J'aurais voulu d'un mot embellir la vertu,
Qu'avant de le savoir son nom m'eût répondu;
De quels enchantemens rayonne sa présence !
Tu serais criminel, qu'une chaste innocence
Dans ton cœur, Flavius, descendrait de ses yeux;
L'air qu'elle a traversé garde un parfum des cieux;
Tout ce que l'on espère on le trouve près d'elle :
Norma ! Peut-être un jour j'ai cru qu'elle était belle;
Adalgise a paru dans sa timidité :
Pour la première fois j'ai connu la beauté.
La voir, toujours la voir, l'adorer et la suivre,
C'est plus que le bonheur, c'est respirer, c'est vivre.

FLAVIUS.

Et ces mots, Pollion, Norma te les a dits!
Et toi tu l'écoutais, et toi tu répondis
De l'emmener à Rome au palais de ton père,
Et de nommer tes fils, les fils dont elle est mère?

POLLION.

Je n'aimais point alors, je ne prévoyais pas

Que ce serait moi-même ordonner son trépas.
Le Gaulois toujours prêt à remuer sa chaîne,
Et qu'il faut caresser si l'on veut qu'il la traîne ;
Le fanatisme armé la redemanderait,
Et, pour être en repos, Rome la livrerait.

FLAVIUS.

Et Rome, Pollion, se souviendrait peut-être
Que si depuis sept ans son sceptre toujours maître
Paralyse de loin ces factieux vaincus,
C'est la voix de Norma qui les a convaincus ;
Et que, depuis sept ans, c'est sa seule parole
Qui leur fait oublier qu'on prend le Capitole.

POLLION.

Eh bien ! qu'à la révolte instruisant Irminsul,
Elle ameute ses dieux contre le proconsul,
Jamais le proconsul de la ville sacrée
N'ira, l'époux captif d'une femme égarée,
A la cour des Césars traîner sa déraison.

FLAVIUS.

Et tes fils !...

POLLION.

Mes enfans !...

FLAVIUS.

Sois homme, Pollion,
Et ne t'abaisse plus au rôle de ces femmes,
Qui pour les déchirer courent après les ames.
Sois fidèle à Norma, fidèle à ton serment :
On ne rencontre pas deux fois un cœur aimant ;
Et celle, Pollion, pour qui tu la délaisses,
N'attend que ton bonheur pour trahir ses promesses.

POLLION.

Qu'elle m'aime un moment, pour me trahir toujours !
Une heure, à ses côtés, vaut mieux que tous mes jours.
Viens, tu ne m'entendras qu'en voyant Adalgise.

Entre ses vœux et moi sa jeunesse indécise
N'ose encore descendre à l'hymen d'un mortel.
Je veux la décider aux pieds de son autel.
Que du pouvoir romain la perte se consomme ;
Un seul mot d'Adalgise est plus puissant que Rome.
Viens, j'entends les Gaulois s'approcher de ces lieux.
Qu'ils conspirent ! l'amour est plus fort que leurs dieux.

FLAVIUS.

Il a tout oublié, ses devoirs, sa patrie ;
Et l'insensé, Norma, t'accuse de folie.

(*Ils s'enfoncent dans le bois*).

SCÈNE II.

OROVÈSE, SIGISMAR, DRUIDES, SOLDATS GAULOIS.

OROVÈSE, *suivant des yeux les Romains qui disparaissent.*

On ne peut faire un pas sans trouver des Romains.

SIGISMAR.

Où cacher nos projets, s'il faut dans les lieux saints
Voir l'hydre impériale infecter nos mystères ?

OROVÈSE.

Patience. Le monstre acharné sur nos terres
N'y dévorera pas le glaive de Brennus.

SIGISMAR.

C'est au tour de la Gaule à tuer un Varus.

UN GAULOIS.

Et Norma cependant à nos drapeaux contraire
Ferme le ciel guerrier devant l'encens de guerre.

OROVÈSE.

Nos morts le rouvriront. Je suis des vieux Gaulois
Qui veulent qu'au conseil les femmes aient leurs voix.
Le premier, quand ma fille explique leurs miracles,

Des dieux qu'elle traduit j'adore les oracles ;
Mais tout n'est point au ciel lisible pour ses yeux,
Et l'homme se dispose, en attendant les dieux.

SIGISMAR.

La servitude en nous n'est pas invétérée.

DROVÈSE.

Quand c'est pour s'affranchir, la révolte est sacrée.
Pourquoi par les Romains nous laisser ravager,
Quand nous avons, comme eux, du fer pour nous venger?
Je ne sais si le ciel fait naître des esclaves,
Mais je sais que la Gaule est le pays des braves ;
Et si Rome a besoin de sang pour s'assouvir,
Je sais que ses enfans sont là pour en fournir.
Que la mort désormais nous rencontre en batailles :
Et que la liberté pleure à nos funérailles !

SCÈNE III.

LES MÊMES, NORMA, *prêtresse*, CLOTILDE.

NORMA.

Votre conseil farouche a jusques sur l'autel
Abrégé d'Irminsul l'entretien immortel.
Ne vous ai-je pas dit, Prêtresse du tonnerre,
Que le ciel des soldats, encombré par la guerre,
Ne veut plus recevoir vos sanglans députés?
Si vous bravez des dieux les hautes volontés,
Ne venez pas, au moins quand je les interprète,
D'un bruit séditieux insulter leur retraite.

SIGISMAR.

C'est l'aspect des Romains qui trouble ces rameaux.

UN GAULOIS.

Nos champs ne veulent plus des Romains que leurs os.

NORMA.

Et vous commencerez par leur donner les vôtres.

SIGISMAR.

Notre chaîne est usée.

NORMA.

Et vous en forgez d'autres.

SIGISMAR.

Le chemin des combats mène à la liberté.

NORMA.

Celui du sacrilége à la captivité.

OROVÈSE.

Et qui pourrait, ma fille, outrant la tyrannie,
Inventer pour la Gaule un surcroît d'agonie?
Quand nos fers sont trop lourds pour lui tendre les bras,
Pensez-vous que le ciel nous courbe encor plus bas?
Sans doute avec le sort, votre ame familière
Peut prêter à la nôtre une sainte lumière;
Mais un oracle aussi sort du fond des tourmens,
Et j'ai vu, remué par nos gémissemens,
Du chêne, où notre glaive est las de nous attendre,
Le feuillage de fer frissonner pour descendre.
Depuis que nos bourreaux sont venus sur ces bords
Quêter en souverains nos antiques trésors,
Quels jours en deux cents ans se sont levés tranquilles?
Pour construire les leurs, ils ont détruit nos villes.
C'est peu pour engraisser leur insolent repos,
De labourer un sol, qu'ils dévorent d'impôts :
Il faut les voir, souillant la vertu des familles,
Taxer dans nos foyers la pudeur de nos filles!
Ont-ils plus de respect pour nos simples autels?
Ils dépouillent nos dieux de leur rang d'immortels;
Et sur le sol Gaulois affrontant leur menace,
Un ciel usurpateur leur mesure la place.
Jupiter, Sérapis, l'indigent du Thabor,

ACTE I, SCÈNE III.

Nous demandent du sang, quand nous n'avons plus d'or;
Et poussés chaque jour d'un paganisme à l'autre,
Nous mourons pour leur foi, sans vivre pour la nôtre.
Prolétaires martyrs de deux cultes rivaux,
Voulez-vous, d'Irminsul désertant les drapeaux,
Quand on peut dans la gloire en laver les outrages,
Laisser périr son culte entre deux esclavages?
Irminsul, lève-toi, frappe ton bouclier!
Jette le cri de mort qui doit nous rallier,
Et que ta voix puissante en victoires féconde
Replace tes enfans à la tête du monde.

NORMA.

Pourquoi m'avoir placée à la porte des cieux,
Si vous entrez sans moi dans le conseil des dieux.
Les yeux embarrassés de passions sauvages,
Avez-vous, du destin feuilletant les présages,
Vu la ville de Rome inscrite pour la mort?
Les miens seuls peuvent lire aux ténèbres du sort,
Et les miens seuls de Rome ont lu la décadence;
Elle mourra. Le ciel a porté la sentence;
Mais dans ce grand arrêt vouloir s'interposer,
C'est resserrer vos fers, au lieu de les briser.
D'un bras plus fort que vous et que votre justice,
Rome, sans le savoir, travaille à son supplice.
Regardez; vous verrez qu'à sa chute inclinant,
Elle épuise sa force en la disséminant;
Que sa religion, usée et vagabonde,
En ramassant des dieux dans tous les coins du monde,
Du culte domestique annule les autels;
Et n'imaginez pas que ces faux immortels
Attaquent d'Irminsul l'impérissable image:
Ils viennent à ses pieds expirer en hommage.
S'ils ont exclu son nom du temple universel,
Où Rome ose classer les habitans du ciel,

C'est acte de respect, et non point de menace.
Que ferait Irminsul dans cette populace?
Du Panthéon tremblant la voûte eût éclaté,
S'il eût osé s'ouvrir à son immensité.
Avant le jour précis qu'a marqué sa vengeance,
N'ayez donc point l'orgueil d'embrasser sa défense.
Ce jour tant désiré n'est peut être pas loin,
De vous en avertir réservez-moi le soin;
Je fus trois ans captive en la ville éternelle,
Elle doit plus qu'à vous me sembler criminelle;
Allez, et laissez-moi, déplorant vos affronts,
Ramener par mes pleurs le pardon sur vos fronts.

SCÈNE IV.

CLOTILDE, NORMA.

NORMA.

Tu vois, pour épargner ma seconde patrie,
Il faut de la première adopter la furie;
On ne se doute pas que, prêtresse à regret,
Je me sers d'Irminsul pour cacher mon forfait,
Et que depuis le temps qu'amante infortunée,
Les hasards de la guerre ici m'ont ramenée,
J'ai pu, dans nos rochers, à l'ombre des autels,
Dérober mes deux fils à tous les yeux mortels.
Hélas! il n'est pour eux d'abri que le mystère;
Et les dieux, dont Norma contraint le sanctuaire,
A lui garder les fruits d'un criminel amour.
Sans la terreur qui veille autour de leur séjour,
Et ne permet qu'à moi d'en aborder l'enceinte,
Où les aurait cachés ma tendresse et ma crainte?
Si jamais... mes enfans... qui pourrait les sauver?
Toi qui les a nourris... qui dois les élever,

ACTE I, SCÈNE IV.

Penses-tu qu'ils iront au pays de leur père,
Et dis-le-moi, Clotilde, y serai-je leur mère?

CLOTILDE.

Pollion l'a promis, doutez-vous que son cœur?.....

NORMA.

Non, je n'en doute pas, Clotilde; j'en ai peur.

CLOTILDE.

Hier vous l'espériez; quel changement contraire..?

NORMA.

Hélas! on pleure encor même quand on espère.

CLOTILDE.

Jusqu'à quand vous verrai-je, avide de douleur,
Pour en souffrir deux fois, deviner le malheur?

NORMA.

On ne devine pas ce qu'on croit impossible.

CLOTILDE.

Jetez sur l'avenir un regard plus paisible,
Oui, bientôt le bonheur,.....

NORMA.

Il n'est pas fait pour moi.

CLOTILDE.

Votre époux...

NORMA.

Pollion ne l'est pas.

CLOTILDE.

Mais sa foi.....

NORMA.

Il peut me la reprendre, et notre hymen précaire,
S'il est inscrit au ciel, ne l'est pas sur la terre.

CLOTILDE.

Pollion vous doit trop pour oser être ingrat,
Vos dieux sont vos témoins.

NORMA.

Témoins d'un attentat.

CLOTILDE.

Pourquoi, vous confiant à ces dieux de colère,
Ne pas chercher le mien qui veut que l'on espère ?
J'ai vu beaucoup souffrir, et l'avoir mérité,
Et son nom rédempteur guérir l'adversité.
Quand le remords l'implore, il répond au coupable :
Le Dieu des affligés est le Dieu véritable.

NORMA.

Guérit-il de l'amour ton Dieu des cœurs souffrans ?

CLOTILDE.

Il l'apaise, et sa croix veille sur les enfans.

NORMA.

Mon appui reste aux miens. Connais-tu sur la terre
Une divinité plus forte qu'une mère ?
Mes enfans, mes enfans, ils me font bien souffrir ;
Et leurs baisers pour moi sont presqu'un repentir.
Joyeux quand je les vois, joyeux quand ils m'écoutent,
Mes fils ne savent pas les remords qu'ils me coûtent.
Mais Pollion, grand Dieu ! devrait-il l'ignorer,
Lui pour qui je me meurs, je me meurs de pleurer ?
Je puis l'aimer ingrat... mais si quelqu'autre femme....
Clotilde, la démence entrerait dans mon ame.
La rage, la folie ; oh ! ce jour-là ! ce jour !...
Je sens que ma raison ne tient qu'à mon amour.

CLOTILDE.

Vous la conserverez pour être toujours mère.
Venez près de vos fils...

NORMA.

Pour oublier leur père !

CLOTILDE.

Pour retrouver la paix, en partageant leurs jeux.

NORMA.

Ils sont toujours si seuls, ils ne sont pas heureux.

CLOTILDE.

Venez : ils le seront.

NORMA.

Attends-moi, dans une heure.

CLOTILDE.

Le ciel!...

NORMA.

Ce n'est pas lui qui veut que je demeure,
C'est la pitié, Clotilde; et moi, qui souffre tant,
Pourrais-je refuser ma pitié qu'on attend?
Cette jeune Adalgise aux autels confiée,
Et qui tremble des vœux qui ne l'ont pas liée,
Veut que je la conseille. Elle est pure pourtant;
Et moi... mais elle souffre, et c'est presque un enfant.

SCÈNE V.

CLOTILDE, NORMA, ADALGISE.

NORMA, *à Clotilde.*

Comment la consoler, cette ame vierge et tendre?
Je dirai ce qu'hélas! j'aurais besoin d'entendre.
Elle vient, se fiant encor à l'amitié.
Excepté mon amour, moi j'ai tout oublié.

(*Clotilde se retire.*)

ADALGISE.

C'est moi, Norma; je viens...

NORMA.

Tu trembles, Adalgise :
Quel ennui, mon enfant, quel trouble t'a surprise?
Quelle ombre a de tes jours terni la pureté?

ADALGISE.
Oh! traitez-moi plutôt avec sévérité.
NORMA.
As-tu jamais pour toi trouvé mon front sévère?
J'ai l'âge d'une sœur, et le cœur d'une mère.
Parle : on aigrit ses maux en cachant ses chagrins.
ADALGISE.
Vous qui vivez plus près des dieux que des humains,
Norma, comprendrez-vous mes terrestres alarmes?
NORMA.
Quelle femme, ici-bas, ne comprend pas les larmes?
ADALGISE.
Oh! vous les devinez, mais moi, je les répands.
Je ne sais de quel crime, hélas! je me repens;
Mais c'est au repentir que ma douleur ressemble.
Quand on parle du ciel, je frissonne, je tremble :
Ces redoutables vœux qui doivent m'enchaîner ;
Je crains d'être parjure, avant de les signer,
Je crains d'aimer la terre, après l'avoir quittée ;
Et d'un vague désir sans cesse tourmentée,
Livrant à mon espoir d'inutiles combats,
Je regrette des biens que je ne connais pas.
NORMA.
Souvent quand on les voit on détourne la vue ;
Leur espoir nous fait mal, mais leur perte nous tue.
ADALGISE.
Leur mémoire console ; et moi, quel souvenir
Puis-je emprunter aux dieux pour parer l'avenir,
Moi, dont les jours captifs vieilliront solitaires?
Puis-je jamais du ciel expliquer les mystères,
Moi, qui ne comprends pas ce qui se passe en moi,
Et change, en le cherchant, mes pleurs pour de l'effroi?
Ces forêts, ces autels dont on fait ma patrie,
Ce long désert du cœur, où l'on conduit ma vie,

Tout de mes maux futurs vient déjà m'accabler;
Et lorsqu'auprès de vous je viens me consoler,
Mon ame, en vous quittant, n'est pas plus courageuse.
Vos traits ne disent pas que vous soyez heureuse.
Que dois-je devenir, Norma, si vous souffrez?
Oh! ne m'enchaînez pas à ces bois consacrés!
Je tromperais les dieux, je serais sacrilége :
Je sens que j'ai besoin d'un cœur qui me protége,
Que mon amour aussi protége de ses vœux.
Si vous saviez, Norma, comme il est douloureux
D'être seule à bénir le jour qui nous éclaire;
Et quand nos prés fleuris s'éveillent pour nous plaire,
D'être seule à les voir, seule à les admirer :
J'ai pleuré bien souvent d'être seule à pleurer.

NORMA.

Attachez-vous aux dieux, ne songez pas au monde :
Vous n'y trouverez pas de voix qui vous réponde;
Ce qui vient de la terre est mortel au bonheur.

ADALGISE.

Où le chercher?

NORMA.

Au ciel, jamais dans votre cœur.

ADALGISE.

Pourquoi nous le donner, s'il ne veut pas qu'on aime?
Ses battemens, Norma, sont-ils donc un blasphème?

NORMA.

Ils y mènent.

ADALGISE.

Oh! non; dites non : j'en mourrais.

NORMA.

Crains-tu la vérité?

ADALGISE.

J'ai peur de mes regrets.

NORMA.

Je les préviens.

ADALGISE.

Trop tard. Leur présence m'accable ;
Vous ne concevez pas qu'on puisse être coupable.

NORMA.

Tais-toi.

ADALGISE.

Si vous saviez....

NORMA.

Je sais tout, j'ai tout vu,
J'ai senti... cru sentir tout ce que j'ai prévu.
Pensez-vous donc, enfant, quand le ciel nous éclaire,
Que notre ame, insensible aux destins de la terre,
Comme un miroir glacé réfléchit l'avenir ?
Elle a sa part des maux qu'elle veut prévenir.
Cette ame, tout entière au sort qui la domine,
Traverse activement les faits qu'elle devine,
S'empare du malheur, pour mieux le retracer,
Et palpite du crime, avant de l'annoncer.
C'est aux fibres du cœur, qu'est l'accent du prophète :
C'est là que sont les dieux, là qu'on les interprète.

ADALGISE.

Et notre récompense après avoir prié ?

NORMA.

C'est de prier encor.

ADALGISE.

Quoi ! jamais d'amitié ?

NORMA.

L'amitié ! c'est l'amour dont vous rêvez la flamme :
Jamais il ne s'empare à la fois que d'une ame :

C'est vous qui trahirez, ou qu'on fera souffrir,
Ma fille, et si c'est vous qui devez en périr,
Pouvez-vous deviner, aveugle d'espérance,
A travers quels tourmens viendra la délivrance?
Savez-vous ce que c'est que de mourir du cœur,
Ce que c'est qu'une mort, qui frappe avec lenteur,
Qui compte, en les brisant, tous les nœuds d'une chaîne,
Et glace, sans pitié, notre sang, veine à veine?
Mourir, aussi long-temps qu'on voudrait vivre heureux,
Les pieds dans le tombeau, le linceul sur les yeux,
Entendre un lâche ingrat s'applaudir de son crime,
S'amuser, se parer des pleurs de sa victime,
Ou, quand nos derniers cris voudraient le supplier,
Sentir qu'il n'aimait pas assez pour oublier;
Voilà ce qui t'attend, voilà pour quels supplices
Tu veux quitter nos dieux, quitter nos sacrifices.
Si jeune, es-tu déjà si lasse d'exister?

ADALGISE.

Je ne veux pas mourir; je veux vous imiter.

NORMA.

Malheureuse!

ADALGISE.

Oh! pardon, Norma, quelle colère!
Moi, qui suis votre enfant, qui vous nomme ma mère!

NORMA.

Que me veux-tu?

ADALGISE.

Je veux... je n'ose vous parler;
Devinez-moi, Norma, pour mieux me consoler.

NORMA.

Ton secret?

ADALGISE.

Mon secret!...

NORMA.
Il est donc bien pénible?
ADALGISE.
Oh! non, mais votre voix m'a paru si terrible!
NORMA.
J'en ai tremblé moi-même.
ADALGISE.
Et j'ai tout oublié,
Je ne sais plus pourquoi j'ai besoin de pitié.
NORMA.
Calme-toi. J'attendrai que ton cœur plus tranquille
Prépare à ma tendresse un aveu plus facile ;
Quand le chagrin m'appelle, on me trouve toujours,
Et je suis toujours là pour te prêter secours.
Viens me trouver ce soir, au fond du sanctuaire ;
Irminsul y sera : son front n'est point sévère,
Et le repos sur toi peut tomber d'un regard.
Veux-tu ce soir, demain?
ADALGISE.
Oui, demain, c'est plus tard;
Et j'aurai plus de temps pour mes dernières larmes.
NORMA.
Allons, ne songe plus, ma fille, à tes alarmes ;
Je voulais t'avertir et non pas t'affliger ;
Mais mon œil, de si loin, aperçoit le danger....
O dieux! préservez-la de mon expérience.
ADALGISE.
Croyez-vous, que le ciel oubliera mon offense?
NORMA.
Oui. Demain, quand le jour blanchira ce rocher...
ADALGISE.
Le rocher d'Irminsul?
NORMA.
Tu viendras m'y chercher !

ADALGISE.
Mais personne, jamais...

NORMA.
J'y serai pour t'attendre,
Et les dieux, avec moi, seront prêts à t'entendre!

ADALGISE.
Demain!

NORMA.
Ne pleure pas.

ADALGISE.
Non, je prierai long-temps.

NORMA, *à part.*
Et moi, je vais souffrir auprès de mes enfans.

SCÈNE VI.

ADALGISE seule, puis POLLION.

ADALGISE.
O Dieu! prenez pitié d'une faible prêtresse,
Éteignez dans mon cœur une indigne tendresse;
Sauvez-moi de le voir pleurer à mes genoux :
Comment, quand je le vois, me souvenir de vous!

POLLION.
C'est elle!

ADALGISE.
Pollion!

POLLION.
Vous pleurez?

ADALGISE.
Moi, je pleure!
Non, laissez-moi!

POLLION.
Vous, fuir!

ADALGISE.

J'ai promis... tout à l'heure...
Je ne veux plus vous voir, je ne dois pas... partez...
Non, je n'ordonne rien, je m'éloigne...

POLLION.

Oh! restez.
Adalgise, de grace, un mot, un mot encore;
Quel crime ai-je commis? qu'ai-je fait?

ADALGISE.

Je l'ignore.

POLLION.

Et vous m'abandonnez!

ADALGISE.

Dieu le veut, j'obéis.

POLLION.

L'amour.....

ADALGISE.

Je n'en ai pas!

POLLION.

Parjure!

ADALGISE.

Je le suis.
Je l'étais.

POLLION.

Autrefois, vous m'aimiez, Adalgise.
Votre foi, votre main me fut presque promise;
Et vous m'aimiez alors!

ADALGISE.

Je n'aime plus. Adieu...

POLLION.

Je te suivrai partout, jusqu'au sein de ton Dieu.
On te trompe, Adalgise, ou l'on me calomnie.

ADALGISE.

Je ne puis être à vous, et j'ai donné ma vie.

POLLION.

Vous avez...

ADALGISE.

J'ai juré d'oublier les mortels,
D'appartenir aux dieux, d'épouser leurs autels.

POLLION.

Leur avez-vous, pour dot, promis le sang d'un homme?

ADALGISE.

Ingrat!

POLLION.

Avec le sang d'un citoyen de Rome,
Devant les dieux gaulois on peut se présenter.
Que n'obtiendrez-vous pas, pouvant tout acheter?
Vos prêtres sont-ils là pour ce pieux office,
Ou vous réservez-vous l'honneur du sacrifice?

ADALGISE.

Pollion!

POLLION.

Je suis prêt.

ADALGISE.

Pourquoi m'accablez-vous?
Contre une infortunée a-t-on tant de courroux,
Et lui reproche-t-on les maux qu'on a fait naître!
J'ai fait serment aux dieux, avant de vous connaître;
J'étais fière avant vous de leur donner mes vœux;
Je marchais à l'autel, sans vous chercher des yeux.
L'amour! j'en souriais, sans savoir qu'on en meure;
J'étais tranquille, heureuse, et maintenant je pleure.
Que voulez-vous de plus?

POLLION.

Je veux sauver tes jours,
Te sauver du malheur, de l'abîme, où tu cours.
Jamais de ceux qu'on aime on ne perd la mémoire....

ADALGISE.

Ne me le dites pas, je ne veux pas le croire.

POLLION.

Oh! je le dirai tant, que tu m'écouteras :
Ne fuis pas vers tes dieux, quand je te tends les bras;
Mon ame suit ton ame, et d'extase ravie,
Ne peut plus séparer mon amour de ma vie.
Ces yeux, ce front divin, cette douce langueur,
Charme de l'existence et l'ivresse du cœur,
Tout m'enchaîne à tes pieds, me livre à ton empire :
Je m'enivre de toi dans l'air que je respire ;
Et je ne puis chercher ni comprendre ici-bas
Un seul ravissement, dont tu ne serais pas.
Réponds-moi : n'est-il rien dans ton ame, Adalgise,
Qui parle de bonheur et qui te le prédise?
Le bonheur..... avec moi, qui pleure à tes genoux.
Suis-moi, Rome t'attend; tous ses dieux sont pour nous.

ADALGISE.

Je ne puis.

POLLION.

Prends pitié de celui qui t'implore!

ADALGISE.

Epargne-moi : j'ai peur de t'écouter encore.

POLLION.

Les momens nous sont chers... Rome m'a rappelé;
Et je pars.

ADALGISE.

Quand?

POLLION.

Demain.

ADALGISE.

Sitôt!

ACTE I, SCÈNE VI.

POLLION, *à part*.

Elle a tremblé.

ADALGISE.

Je ne le verrai plus. Pollion !

POLLION.

Qu'elle est belle !

ADALGISE.

Si vous me trahissiez !

POLLION.

Adalgise !

ADALGISE.

Il m'appelle !
Appelez-moi long-temps : dites long-temps mon nom :
Que je puisse de loin, loin de vous, Pollion,
Retenir votre voix, quand elle me supplie,
Me rappeler, hélas ! ce qu'il faut que j'oublie.

POLLION.

Tu veux donc me quitter ?

ADALGISE.

Non.

POLLION.

Me suivre ?

ADALGISE.

Oui.

POLLION.

Me voir ?

ADALGISE.

Toujours.

POLLION.

Ici, demain, à cette heure, le soir...

ADALGISE.

J'y serai : quittons-nous.

POLLION.

Demain...

ADALGISE.

Oui, je le jure ;
Adieu : ce n'est qu'au ciel que je serai parjure.

FIN DU PREMIER ACTE.

ACTE II.

Le théâtre représente une enceinte d'arbres et de rochers isolés ; un autel, surmonté d'une statue, à la droite de l'acteur.

SCÈNE PREMIÈRE.

AGÉNOR, CLODOMIR, *appuyés sur l'autel.*

AGÉNOR.

Quoi ! dans la même nuit d'un prodige pareil
Les dieux ont effrayé ton innocent sommeil ?

CLODOMIR.

Oui, mon frère.

AGÉNOR.

Ton rêve à mon rêve ressemble ?

CLODOMIR.

Oui, que présage-t-il ?

AGÉNOR.

Je l'ignore et je tremble.

CLODOMIR.

Tu m'as dit bien souvent qu'un songe était trompeur ;
Je t'ai vu bien souvent sourire de ma peur,
Lorsqu'au grand Irminsul adressant mes hommages...

AGÉNOR.

Jamais songe n'offrit de semblables images.

CLODOMIR, *effrayé.*

Auprès de notre mère allons porter nos pas.

AGÉNOR.

Je crains que son aspect ne nous rassure pas.
Elle dort... Implorons contre ces noirs mensonges

Le dieu de ces forêts qui triomphe des songes.
Ce bois mystérieux est plein de l'immortel :
Les premiers feux du jour éclairent son autel.
Tournés vers l'orient plaçons-nous sous sa garde.
« Si c'est nous qu'aujourd'hui ce présage regarde,
« Défends, quand le jour naît à l'horizon vermeil,
« Deux enfans menacés par le dieu du sommeil !
« Irminsul, reçois-nous sous ton auguste auspice ! »

CLODOMIR.

De ce dieu courroucé fais-nous un dieu propice.

AGÉNOR.

Monte dans ces forêts et viens nous secourir.

CLODOMIR.

Vois, nous sommes encor trop jeunes pour mourir.

AGÉNOR.

Notre mort coûterait trop de larmes amères.
Oui, la mort des enfans brise le cœur des mères.
Nous faisons tout l'orgueil de la nôtre... et toujours
Son amour tutélaire a veillé sur nos jours.
C'est elle ! un dieu propice auprès de nous l'envoie.

SCÈNE II.

LES PRÉCÉDENS, NORMA.

NORMA.

O mes fils ! votre amour est ma plus douce joie ;
(*à part.*)
Et les dieux immortels en me faisant ce don,
Ont voulu m'annoncer sans doute mon pardon.
(*haut.*)
Je vous cherchais tous deux... Des clartés de l'aurore
Quand la cime des bois à peine se colore,
Pourquoi fuir en secret votre couche... et pourquoi
A cet autel, mes fils, venir prier sans moi ?

ACTE II, SCÈNE II.

CLODOMIR.

Un vain présage, un songe, une crainte éphémère...

NORMA.

Ne pouviez-vous la fuir dans les bras d'une mère?

AGÉNOR.

Ce n'était point encor l'heure de déposer
Sur le front maternel notre premier baiser ;
Et pour calmer l'effroi de notre ame éperdue,
Sous l'arbre d'Irminsul nous t'avons attendue.

NORMA.

Mais cet effroi si grand, qui l'a causé?

AGÉNOR.

       Les dieux.

Nous expliqueras-tu ce prodige odieux ?
Toi pour qui la nature écarte tous ses voiles;
Toi qui lis l'avenir sur le front des étoiles ;
Nous diras-tu pourquoi notre esprit effrayé
A vu le même songe à tous deux envoyé?
A ce présage affreux pourras-tu nous soustraire?

NORMA.

Ce songe, quel est-il?

CLODOMIR.

    Raconte-le mon frère.

AGÉNOR.

Moi, je n'oserais pas.

NORMA.

   Quoi! tu trembles encor,
Mais! qu'as-tu vu?

AGÉNOR.

  J'ai vu...

NORMA.

    Parle, parle, Agénor.

AGÉNOR.

D'un grand hymen dans Rome on célébrait la fête.

NORMA.

Dans Rome... d'un hymen?...

AGÉNOR.

Oui... des fleurs sur leur tête,
Les vierges d'Italie, en invoquant son nom,
Conduisaient deux époux au temple de Junon.
Pour eux, du myrte verd l'enceinte était ornée,
Et moi, je m'essayais à des chants d'hyménée;
J'effeuillais devant eux des roses sous leurs pas,
Je demandais leurs noms qu'on ne me disait pas.
Ébloui d'une pompe à mes yeux étrangère,
Je m'affligeais pourtant de n'y pas voir ma mère,
Et mon pieux amour, à ces solennités
Voulait qu'on invitât tes regards enchantés.
Mais j'ai vu tout à coup, ô prodige terrible,
La fête se changer en sacrifice horrible!
Une femme en fureur, se déchirant le flanc,
A couvert les époux des flots noirs de son sang!
Et sur l'autel d'hymen, dépouillé de guirlande,
Deux enfans égorgés ont remplacé l'offrande.
Je crois les voir encor!

CLODOMIR.

Eh bien?

NORMA.

Quel songe affreux!

AGÉNOR.

Vois-tu!!!

NORMA.

Moi, qui commande aux esprits ténébreux,
Moi, pour qui l'avenir n'a jamais de mensonge,
J'en cherche en vain le sens... tous deux le même songe!

CLODOMIR.

Tous deux...

NORMA.

Rassurez-vous dans les bras maternels;

Les noirs présages sont pour les cœurs criminels,
Et vous n'en devez pas redouter la puissance.

CLODOMIR.

Tu nous en réponds?

NORMA.

Oui, grace à tant d'innocence,
Oubliez, mes enfans, ces songes ennemis;
Ne craignez rien des dieux dont l'autel m'est soumis.

AGÉNOR.

Pourquoi toujours captifs dans cette forêt sainte
Dont mon père en secret vient visiter l'enceinte,
Vers Rome, son pays, ne nous conduit-il pas?

NORMA.

Bientôt, bientôt, mes fils, j'y guiderai vos pas.

AGÉNOR.

O Rome! Pollion agrandit tes frontières,
Il a des rois vaincus qui suivent ses litières,
Des esclaves sans nombre, et fier de son destin,
Possède un palais d'or sur le mont Aventin.
Mais, ma mère, vers nous quelle femme s'avance?

NORMA.

(*à part.*)   (*haut.*)
C'est elle... Allez, mes fils.

CLODOMIR.

Qu'elle est belle!

NORMA.

Silence.

(*Les deux enfans s'éloignent sans être vus d'Adalgise.*)

SCÈNE III.

ADALGISE, NORMA.

NORMA.

Eh bien! ma fille, eh bien! ces secrets... ces aveux...
Parlez.

ADALGISE.

Il n'est plus temps, c'est la mort que je veux.

(*Elle se jette à ses pieds.*)

Prêtresse ! ! !

NORMA.

Dans mes bras, dans mes bras... quel mystère !

ADALGISE.

Non, non, laissez mon front s'attacher à la terre,
Mes regards souilleraient la pureté du jour ;
Défendez-moi des dieux qui gardent ce séjour.

NORMA, *à part.*

Ah ! malheureuse enfant ! Dans mes jours d'innocence
Je frémissais ainsi.

ADALGISE.

Votre sainte présence
Irrite le remords dans ce cœur égaré ;
Car vous ne savez pas, hier... la nuit... j'ai juré...
Il pleurait... l'affliger me devint impossible :
Il me parlait d'amour, dans la forêt terrible,
J'ai vu ses yeux si doux sur mes yeux s'attendrir.
En écoutant sa voix je me sentais mourir.
Plus puissant que les dieux dont j'étais entourée,
Dont nous bravions tous deux la majesté sacrée,
Seul, il semblait contre eux me prêter un appui :
Leur temple sans terreur n'était plein que de lui.
Je porte sur mon front dont il vantait les charmes,
Comme un feu dévorant, l'empreinte de ses larmes.

NORMA.

Adalgise ! ! !

ADALGISE.

Pitié ! vous ne pouvez savoir
Ce qu'une voix aimée a sur nous de pouvoir.

ACTE II, SCÈNE III.

NORMA.

Tu le crois?

ADALGISE.

Dans leur sein les dieux gardent votre ame.
Votre sommeil n'a point de longs rêves de flamme;
Comme un présent du ciel vous attendez le jour,
Et ce rameau glacé vous défend de l'amour.

NORMA.

De l'amour... mais le tien, comment prit-il naissance?

ADALGISE.

Mes jours près des autels passaient dans l'innocence,
J'appartenais aux dieux : bien loin d'un monde vain,
Tout mon cœur se perdait dans un transport divin,
Et je croyais errer durant ces chastes heures,
Sur les ailes de l'ame aux célestes demeures.
Un jour, que j'admirais d'un regard curieux,
Sous la faucille d'or le gui mystérieux,
Et que j'amoncelais dans nos blanches corbeilles
La fleur de l'églantier disputée aux abeilles,
Près du temple un jeune homme apparut à mes yeux;
Son regard à mon cœur révéla d'autres cieux;
A nos dieux, malgré moi, je me sentis parjure :
Ma voix pour les prier n'était plus assez pure,
Et si jusqu'à leurs pieds je fuyais un mortel,
Son image enivrante était là, sur l'autel.

NORMA, *à part.*

Comme moi, comme moi.

ADALGISE.

Bravant notre loi sainte,
Souvent j'osai l'attendre en la divine enceinte;
Et lui, lui me disait : je serai ton amant;
Ta voix, ta douce voix est un enchantement;
Les filles de la Gaule ont un charme suprême;
Oh! viens, ne rougis pas d'être belle... je t'aime.

Laisse-moi de ton souffle enivrer tous mes sens,
Baiser de tes cheveux les anneaux caressans;
Laisse-moi retrouver dans ce bois solitaire
Tout ce que j'ai rêvé de bonheur sur la terre.

NORMA.

Mais tu disais qu'hier ta bouche avait juré...

ADALGISE.

De fuir ces lieux, de suivre un amant adoré.
Oui, je tombe à vos pieds, c'est en vous que j'espère
Revoyez, consolez, désarmez mon vieux père.
Dites-lui que j'ai fui ce sort qu'il crut si beau :
Dites-lui que ce temple eût été mon tombeau.
Obtenez son pardon pour moi, pour ma faiblesse ;
Qu'il ne maudisse pas l'enfant de sa vieillesse.
Je ne le verrai plus ! ! !

NORMA.

Sèche tes pleurs, enfant,
De toi-même aujourd'hui ma pitié te défend;
Nous briserons tes fers..., j'unirai vos deux ames,
L'hymen de votre amour sanctifiera les flammes.

ADALGISE.

Que dites-vous ?

NORMA.

Ton père entendra tes aveux :
Tu n'as point prononcé d'irrévocables vœux.

ADALGISE.

Ciel ! !

NORMA.

Ce temple est soumis à mon obéissance.
Heureuse en ta faveur d'employer ma puissance,
J'apaiserai ce cœur de remords combattu.

ADALGISE.

O combien Pollion ! ! !

NORMA.
Pollion! que dis-tu?

ADALGISE.

Je l'aime...

NORMA.
Pollion!

ADALGISE.
C'est lui dont la tendresse...

NORMA.
Lui! non, jamais; tu mens. Pollion! sa promesse,...
Impossible, tu mens.

ADALGISE.
Dieux!!!

NORMA.
Ce n'est pas lui, non:
Quelque lâche imposteur a profané son nom.

ADALGISE.
Le nom du proconsul?

NORMA.
C'est lui, c'est lui.

ADALGISE.
Ma mère!!!

NORMA.
Que faites-vous ici?

ADALGISE.
J'espérais...

NORMA.
Elle espère!

ADALGISE.
Cet hymen...

NORMA.
Vous voulez... vous venez... c'est à moi...
Pourquoi donc ton romain n'est-il pas avec toi?
Il t'aime, n'est-ce pas? il t'attend, il t'appelle,

Il t'aime, son bonheur est de te trouver belle;
Vous devez vous unir, vous vous l'êtes juré,
Et je dois de ma main... Oui, je vous unirai;
Partez.

ADALGISE.

Le voilà.

NORMA.

Qui?

ADALGISE.

Pollion!

NORMA.

Dieu l'envoie.
Laisse-moi seule; il faut...

ADALGISE.

Vous tremblez...

NORMA.

C'est de joie.
Laisse-moi.

ADALGISE.

Maintenant...

NORMA.

Je le veux.

ADALGISE.

Votre voix......

NORMA.

Va-t-en: c'est de la mort qu'il s'agit pour tous trois.

(*Adalgise sort.*)

SCÈNE IV.

NORMA, POLLION.

POLLION, *à part.*

Adalgise!...

NORMA.

Est-il vrai que Rome te rappelle?

POLLION.

J'en ai l'ordre.

NORMA.

Et tu viens, à tes sermens fidèle,
Préparer tes enfans et leur mère à partir :
Nous sommes prêts tous trois.

POLLION.

Norma...

NORMA.

Pourquoi pâlir?

POLLION.

Mes enfans me suivront...

NORMA.

Nos enfans!... et leur mère?

POLLION.

Un instant de retard peut-être est nécessaire :
Des périls renaissans couvrent tous les chemins.

NORMA.

Et tu trembles pour moi, Pollion?

POLLION.

Les Romains...

NORMA.

Ils ont peur de la Gaule et livreraient ta femme!
On prévoit bien des maux en consultant son ame;
N'est-ce pas, Pollion?

POLLION.

Plus qu'on n'en peut compter ;
Mais quand on les prévoit, c'est pour les éviter.

NORMA.

Faut-il donc pour les fuir déchirer ce qu'on aime,
Et rompre au nom du sort les nœuds qu'il fit lui-même?
Ces dangers, ces malheurs, tu ne les voyais pas
Quand mes soins disputaient ta jeunesse au trépas;
Ces maux, y songeais-tu, quand ton cœur sans mémoire
Inventait des sermens que j'essayais de croire?
Lorsque tes pas sans cesse attachés à mes pas...

POLLION.

Rome est-elle si loin qu'on n'en revienne pas?

NORMA.

Tu ne mesures plus aujourd'hui la distance;
Mais elle s'agrandit pour moi de ton absence.
Tu n'évites d'ailleurs que les lieux où je suis :
Rome, tu n'y vas pas, Pollion : tu me fuis.

POLLION.

Mais songez un instant au péril de me suivre,
Vos jours...

NORMA.

T'ai-je montré tant de désir de vivre?

POLLION.

Votre père! vos dieux!...

NORMA.

Est-ce à toi d'y songer?
Avant mon sacrilége as-tu vu le danger?
Ton amour est passé, perdu comme ces charmes
Qui se sont, et pour toi, tous flétris dans les larmes;
Tu me trahis, je sais pour qui tu me trahis.

POLLION.

Dieux!!!

NORMA.

Moi, je t'aime encor quand je songe à mes fils,
Quand je songe aux périls de ces tendres victimes,
Oui, je sens que je t'aime et pardonne à tes crimes.
Ne me donne ton nom que par amour pour eux ;
Epouse, amante, esclave, esclave si tu veux...
Emmène avec tes fils leur mère qui t'implore,
Et qui te bénira quoiqu'elle pleure encore.

POLLION.

Ce serait contre Rome armer trop de combats.

NORMA.

Tu refuses... Mes fils, je ne les suivrai pas?...

POLLION.

Mon devoir...

NORMA.

Le premier n'est-il pas d'être père ?

POLLION.

Je veille à leur bonheur.

NORMA.

En leur ôtant leur mère ! !
Je prévois quel bonheur les attend près de toi.

POLLION.

Je crains tout des Romains.

NORMA.

Ne crains-tu rien de moi ?
Après le sacrilége il reste encor des crimes.

POLLION, *cessant de se contraindre*.

Si le crime a tissu des nœuds illégitimes,
Qu'il les brise.

NORMA.

Pars donc, maudit par mon courroux !
Tremble.

POLLION.

Je n'ai tremblé qu'en m'unissant à vous.

NORMA.

Ah! pour la redouter tu veux voir la vengeance,
Lâche, indigne Romain, tu la verras...

POLLION.

Démence!

NORMA.

A qui dois-tu le jour, ta gloire, tes lauriers?
Quelle voix jusqu'ici maîtrisa nos guerriers!
Tu n'es rien, j'ai tout fait.

POLLION.

Satisfais donc ta rage;
Avant d'y succomber, je suis las de l'orage.
Que vous servent vos dieux et vos enchantemens,
Si, recueillant partout des germes de tourmens,
Vous n'arrachez du ciel qu'un feu qui vous consume?
Dois-je dans tous vos pleurs m'abreuver d'amertume?
Pensez-vous qu'un soldat soit fait pour écouter
Quelques ordres d'un dieu qu'il vous plaît d'inventer,
Et pour s'entendre dire, après chaque victoire,
Qu'il doit à votre oracle une part de sa gloire?
Eh bien! si c'est à vous que ma gloire appartient,
Vengez-vous, retirez la main qui me soutient,
Irritez les Gaulois, poussez les contre Rome;
Dans les mains d'Irminsul placez un glaive d'homme;
Pour repeupler vos rangs dépeuplez vos tombeaux,
Mettez vos dieux de garde autour de vos drapeaux,
Et voyons si vos dieux, grossissant la tempête,
Jetteront sur mes pas un écueil qui m'arrête.

(*Il sort*).

SCÈNE V.

NORMA, *seule*.

Il fuit en me laissant le trépas pour adieux.
Je rencontre un mortel plus cruel que mes dieux.
Mourons... Et mes enfans, objets de tant de peines...
Dans la Gaule, un bûcher, et dans Rome, des chaînes !
Voilà leur sort... Leur sort... Ah ! moi... moi... quel dessein ! !

(*Elle pousse un cri comme frappée d'une idée horrible et soudaine.*)

Mon crime à sa naissance expire dans mon sein !...
Osons le contempler d'une ame satisfaite,
La vengeance n'est rien lorsqu'elle est imparfaite.
Oui... pendant leur sommeil, et m'armant d'un flambeau,
Changeons après le temple en un brûlant tombeau :
Qu'il ne reste plus rien de moi ni de ma race,
Et que l'auteur du crime en efface la trace.

SCÈNE VI.

CLOTILDE, NORMA.

NORMA.

Clotilde !... apaisons-nous !...

CLOTILDE.

Dieu ! quel nouveau malheur
Se lit dans vos regards et sur votre pâleur ?

NORMA.

Un malheur... Non...

CLOTILDE.

Vos fils peut-être plus à plaindre...

NORMA.

Leurs destins sont fixés et j'ai cessé de craindre.

CLOTILDE.

Ils quitteront ces lieux?

NORMA.

Oui ; le jour disparaît,
Près de moi, cette nuit, conduis-les en secret.
Tu dresseras leur couche à mes côtés... Des songes,
Hier, les ont troublés de leurs affreux mensonges ;
Je veux de ces terreurs les préserver tous deux,
Et, seule, cette nuit je veillerai près d'eux.

FIN DU DEUXIÈME ACTE.

ACTE III.

Le théâtre représente la chambre à coucher de Norma; un lit romain, couvert de peaux d'ours à la gauche du spectateur.

SCÈNE PREMIÈRE.

CLOTILDE, AGÉNOR, CLODOMIR, *endormi.*

AGÉNOR, *à genoux devant Clotilde assise.*
Oh! ne nous quitte pas encor; ce n'est pas l'heure.
Mais pourquoi cette nuit changeons-nous de demeure,
Et fuyons-nous l'asile où l'on nous renferma,
Pour nous réfugier dans celui de Norma?
La foudre des dieux gronde autour du sanctuaire,
J'ai peur...
CLOTILDE.
Peur de dormir à côté de ta mère?
AGÉNOR.
On la dirait tombée aux mains d'un dieu puissant.
Elle m'a fait trembler ce soir en m'embrassant.
CLOTILDE.
Elle n'est point heureuse.
AGÉNOR.
Oh! pourquoi tant d'alarmes?
Son sourire a souvent la tristesse des larmes.
CLOTILDE.
Jusqu'à l'heure qui vient ramener le soleil,
Elle doit seule ici garder votre sommeil.

AGÉNOR.

Pourquoi ?

CLOTILDE.

Mais je l'ignore : elle dit que des songes,
Hier, vous ont troublés de leurs affreux mensonges.
Tu sais tout son pouvoir sur le ciel en courroux;
C'est pour vous rassurer qu'elle dort près de vous.

AGÉNOR.

Des songes ! oui, Clotilde, oui, des songes funestes.
Oh ! désarme avec moi les vengeances célestes.
Dans ta religion est-il des dieux amis
Qui protégent le soir les enfans endormis ?

CLOTILDE.

Non pas des dieux, mon fils, mais des anges fidèles.
Ils placent les berceaux à l'ombre de leurs ailes.

AGÉNOR.

Si tu les appelais, viendraient-ils à ta voix ?

COTILDE.

Ils ne sont point pareils à ces dieux que tu vois.
Notre cœur devant eux brûle comme une flamme;
Mais l'on ne peut les voir qu'avec les yeux de l'ame :
Pour soutenir nos pas, ils avancent la main,
Et nous montrent du ciel l'invisible chemin.

AGÉNOR.

Parle encor, prions-les; adorable mystère,
Je veux avoir un ange au ciel et sur la terre.
Mais quelle image encore adores-tu tout bas ?

CLOTILDE.

Une mère portant son enfant dans ses bras.

AGÉNOR.

Une femme, un enfant qu'en secret on encense
Peuvent-ils d'Irminsul égaler la puissance?
C'est le plus grand des dieux, et lorsqu'il a parlé,

De spectres flamboyans tout le temple est peuplé ;
Il habite une grotte où tout lui rend hommage.
CLOTILDE.
Veux-tu prier le mien ?
AGÉNOR.
Oui.
CLOTILDE. *Elle lui donne des tablettes.*
Voici son image.
Lis...
AGÉNOR, *lisant.*
« Tout périt, tout passe, et le dieu du Thabor,
« Quand les cieux s'éteindront, doit exister encor.
« Du néant à sa voix la nuit devint féconde ;
« Son regard enfanta l'immensité du monde,
« Et comme un faible oiseau s'agitant sous la main,
« L'univers infini palpite dans son sein.
« Vous armez contre lui tous vos dieux, tous vos sages,
« Mais son culte incréé touche au berceau des âges ;
« Et l'œil voit resplendir ses dogmes éclatans,
« Comme un phare éternel sur la route des temps. »
CLOTILDE.
Que sont près de ce Dieu tes dieux imaginaires ?
Lui, ne réclame pas d'offrandes sanguinaires.
AGÉNOR.
Mais ne m'as-tu pas dit qu'Abraham à l'autel
Était prêt à frapper son fils du coup mortel ?
Son fils..!
CLOTILDE.
Dieu l'éprouvait.
AGÉNOR.
Ah ! cette épreuve amère,
Pourrait-il la tenter sur le cœur d'une mère ?
Ses ordres n'auraient pas sans doute été suivis ;
Quelle mère jamais immolerait son fils !

(On entend un coup de tonnerre.)

L'orage gronde encor... La mienne nous oublie...
Quand verrons-nous le ciel de la belle Italie?
De Pollion mon père, à peine visités,
Nous sommes toujours seuls dans ces bois écartés.
On dit qu'à son départ rien enfin ne s'oppose.

CLOTILDE.

Non, mon fils. Sur la couche où Clodomir repose
Prends place à ses côtés.

AGÉNOR.

O Rome! heureux séjour..!
Tu reviendras demain!

CLOTILDE

Aux premiers feux du jour.

AGÉNOR, *seul.*

Pourquoi ma mère, hélas! n'est-elle pas chrétienne?
J'aurais besoin d'un dieu qui rassure et soutienne.
Quelle nuit!.. rejoignons Clodomir endormi.

(La foudre gronde.)

Partageons son sommeil... tout mon cœur a frémi,
Oui, cet orage... O dieux! exaucez ma prière.
Je me réveillerai dans les bras de ma mère.

(Il s'endort.)

SCÈNE II.

AGÉNOR *et* CLODOMIR *endormis*, NORMA.

NORMA, *une lampe et un poignard à la main; elle s'assied et pose la lampe sur une table.*

Ils dorment tous les deux, et leur trépas ici
Doit précéder le mien... leur songe est éclairci.
Un sommeil différent va fermer leur paupière.
Et plus à plaindre qu'eux, je mourrai la dernière.

Bientôt pour le supplice on viendrait nous chercher :
Achevons... le poignard nous sauve du bûcher.
Mais où suis-je?... quel dieu redoutable ou propice
Vient contempler ici mon dernier sacrifice ?
L'offrande doit lui plaire... Il vient hâter mes coups ;
Raffermis-toi, mon ame ! et toi malheur, et vous
Noirs combats, désespoir, remords, douleur sans charmes
Qui brûlais dans mes yeux et desséchais leurs larmes,
Redoublez de tourmens ; frappez, frappez... Je crois
Vous sentir dans mon cœur pour la première fois.
Vous ne m'aviez porté qu'une atteinte légère ;
J'éprouve maintenant ce qu'éprouve une mère

(*Elle se lève.*)

Prête à tuer ses fils. O délire !... ô fureur !...
Mes cheveux sur mon front blanchissent de terreur.
J'épuise en un instant dans ce cœur qui se glace,
L'éternité des maux dont la mort nous menace.
Avançons... Je ne puis, je ne puis... c'en est fait...
Je ne pourrai jamais achever mon forfait.
Ces êtres innocens, dont j'étais la défense,
Que mes flancs ont porté, dont j'élevai l'enfance,
Qui ce matin encor, assis sur mes genoux,
Consolaient ma souffrance avec des mots si doux ;
Et me faisaient, malgré le remords qui déchire,
Retrouver le pardon des dieux dans leur sourire ;
Quel est leur crime, hélas !... leur crime, ô trahison !..
Je demande leur crime... Ils sont à Pollion ;
Enfans du sacrilége, ils sont à moi... qu'ils meurent !
On viendrait les saisir sous mes yeux qui les pleurent,
Ou bien d'une marâtre ils subiraient la loi !
Qu'ils meurent de ma main, ils ne sont plus à moi.
Que de ce coup sanglant l'ingrat se désespère ;
Déjà morts pour Norma, qu'ils meurent pour leur père !

Ne tardons plus... fureurs, prêtez-moi votre appui
L'enfantement du crime est plus affreux que lui.
De mon cœur, par leur mort, apaisons la tempête;
Frappons-les, frappons-les sans détourner la tête!
Oui, ce fer...

(*Elle s'avance vers le lit, lève le poignard sur eux,
et le jette avec un cri terrible.*)

Ah! jamais... mes enfans... mes enfans...

AGÉNOR.

Ciel!...

CLODOMIR.

Ma mère!..

NORMA.

On voulait... mais non, je vous défends!
Qui pourrait me priver d'une vue aussi chère?
Qui vous arracherait du sein de votre mère?
Oh! venez sur mon cœur; de la mort préservés,
Que je m'assure bien que vous êtes sauvés.

AGÉNOR.

Sauvés de quels périls?

NORMA.

Un cruel nous exile;
Que les bras maternels du moins soient votre asile.
Qu'ai-je dit?... ciel vengeur!...

CLODOMIR.

Oh! pourquoi t'affliger?
Mon père est tout-puissant, il doit nous protéger.

NORMA.

Ton père?

AGÉNOR.

Au nom de Rome, il triomphe, il ordonne.

NORMA,

C'est lui qui nous trahit!... c'est lui qui m'abandonne!

ACTE III, SCÈNE II.

AGÉNOR et CLODOMIR.

Lui!..

NORMA.

Sachez le secret de ma longue douleur :
Vous êtes les enfans du crime et du malheur.
Cachés par la terreur au fond du sanctuaire ;
Bannis du monde par l'opprobre d'une mère ;
Quand il faut vous quitter, quand je touche au trépas...

CLODOMIR.

Nous quitter !...

NORMA.

Mes enfans, ne me maudissez pas.
Malheureuse !

(*Elle se laisse tomber sur la couche de ses enfans.*)
AGÉNOR, *aux genoux de sa mère.*

Qui, nous, te fuir! qu'oses-tu dire?
Ah! nous voulons te suivre et non pas te maudire.
Tu parles de forfaits ; et quel crime, dis-moi,
Peut égaler l'amour que nous avons pour toi!
Eh quoi! lorsque du sort t'accable la puissance,
Tu veux à tant de maux ajouter notre absence.
Non, nous suivrons tes pas ; loin du temple exilés ,
Nous souffrirons ensemble, et serons consolés.
Nos vœux rencontreront quelque dieu favorable ;
Et s'il faut implorer la pitié secourable ,
Quel pouvoir plus sacré que les saintes douleurs
De deux fils supplians pour une mère en pleurs!

NORMA.

Non, je dois de vos fronts écarter l'anathème,

(*à part.*)

Vous sauver de nos dieux, et surtout de moi-même.

Clotilde... va trouver Adalgise à l'instant;
Oui, dis-lui qu'elle vienne, et que Norma l'attend.

CLOTILDE, *qui est accourue à la voix de Norma.*
A cette heure?

NORMA.
Va, cours, leur salut le commande.
Oui, c'est le châtiment que mon crime demande.

(*Clotilde sort.*)

Vous n'avez plus de mère; errante sous d'autres cieux,
Ce n'est pas vous, hélas! qui fermerez mes yeux.
Endormis dans mes bras, bercés dans mes caresses,
Le sort cruel m'arrache à vos douces tendresses.
On vient; ah! que mon cœur prenne pour cet effort
L'insensibilité, la froideur de la mort.

SCÈNE III.

LES PRÉCÉDENS, ADALGISE, CLOTILDE.

ADALGISE.

Vous m'appelez, Norma? pourquoi seule à cette heure
Me faites-vous quitter ma tranquille demeure?
De vos derniers transports tous mes sens agités...
Mais, quels sont ces enfans tremblans à vos côtés?
Dans un âge si tendre, et si rempli de charmes,
Ils connaissent déjà l'amertume des larmes!
Tout mon cœur s'intéresse à leurs jeunes terreurs.

NORMA.

Je vais te dévoiler le comble des horreurs.
Devant moi ce matin tu t'étais prosternée,
Tu me vois à tes pieds par la honte enchaînée.
Ces enfans dont ici tu demandes le nom,
Sont mes fils...

ADALGISE, *avec la plus grande émotion.*
Dieux ! quel est leur père ?
NORMA.
Pollion.
ADALGISE.
Je meurs.
NORMA.
Vers les forfaits m'ouvrant une autre route,
J'allais... c'est le secret des enfers... mais écoute :
Si mon crime, sept ans par les dieux châtié,
Dans ce cœur qui m'aima n'éteint pas la pitié ;
Si tant de désespoir et tant d'ignominie,
Te font croire qu'enfin je sois assez punie ;
Exauce ma prière, avant que pour jamais...
Puis-je espérer en toi ? Réponds.
ADALGISE.
Je le promets.
NORMA.
J'ai besoin qu'un serment... moi, prêtresse parjure,
J'exige des sermens ! pardonne...
ADALGISE.
Je le jure !
NORMA.
Je m'exile...
AGÉNOR.
Avec nous.
NORMA.
Non.
AGÉNOR.
Quoi !
NORMA.
Plus de regrets.
De mon aspect impur j'effrayais nos forêts,
Je dois m'en éloigner, et, fuyant la lumière,

Rendre au temple souillé sa pureté première.
Proscrite, sans abri, sans pain pour vous nourrir,
N'ayant pas même, hélas! d'asile pour mourir,
Je ne puis avec moi...

(*à Adalgise.*)

C'est mon sang; c'est ma vie,
Il faut m'en séparer, et je vous les confie.

ADALGISE.

Que dites-vous... à moi?..

NORMA.

Oui, dans le camp romain,
Allez vers Pollion, en leur donnant la main.

AGÉNOR.

Nous séparer de toi? Jamais...

NORMA.

Il m'abandonne,
Qu'il soit votre époux.

ADALGISE.

Lui?

NORMA.

Je meurs et lui pardonne.

ADALGISE.

Je pourrais...

NORMA.

Adalgise, ils vous sont confiés!!!

AGÉNOR *et* CLODOMIR.

Ma mère!

NORMA.

La voilà!.. Oui, tombez à ses pieds.
Adieu, mes fils.

ADALGISE.

Norma!..

ACTE III, SCÈNE III.

NORMA.

Recueillez leur misère ;
Ne les punissez pas du crime de leur mère ;
Souvenez-vous encore au nom de votre amour,
Que c'est de Pollion qu'ils ont reçu le jour.
Le jour... on a voulu le leur ravir... peut-être...
Le péril est passé, mais il pourrait renaître.
Oh ! qu'ils croient retrouver leur mère entre vos bras.
Ce sont mes fils... mes fils... Vous ne comprenez pas.
Et lorsqu'à votre tour heureuse, et sans alarmes,
De l'amour maternel vous connaîtrez les charmes,
Qu'ils trouvent en vos fils des frères caressans ;
Ne les exilez pas de leurs jeux innocens.
Pollion me trahit, je péris sa victime,
Vous pouvez à ce prix effacer tout son crime ;
Vous pouvez à ce prix, quand je meurs d'abandon,
Appeler sur ses jours le céleste pardon.
Je ne demande point à vos soins tutélaires
Des grandeurs pour mes fils, les faisceaux consulaires,
Non ! tous ces vains honneurs ne sont plus faits pour eux ;
Je réclame les soins qu'on doit aux malheureux...
Je demande qu'au moins, sur un autre rivage,
Mes enfans ne soient pas traînés en esclavage ;
Qu'en échange d'un sort qui dût être si beau,
Ils puissent quelquefois pleurer sur mon tombeau :
Je demande qu'ils soient sauvés de l'anathème,
Et soufferts à vos pieds, comme j'y suis moi-même ;
Moi qui de ma rivale embrasse les genoux,
Qui ne me souviens plus qu'on me trahit pour vous,
Et qui reçoit de vous la mort la plus affreuse,
En demandant aux dieux que vous soyez heureuse.

ADALGISE.

Moi, vous séparer d'eux ! ah ! r'ouvrez-leur vos bras ;
Qu'ils restent près de vous.

NORMA.

Ne le souhaitez pas.
Vous ne connaissez pas la sombre frénésie
Des divers mouvemens dont leur mère est saisie,
Et ma raison près d'eux .. Protégez-les toujours.
J'ai votre serment?

ADALGISE.

Oui.

NORMA.

Vous veillez sur leurs jours...
Partez.

ADALGISE.

Je partirai, sûre de ma victoire;
J'irai vers Pollion, mais pour sauver sa gloire,
Pour lui rendre sacrés les feux qu'il alluma.

NORMA.

Ton serment...

ADALGISE.

J'ai juré le bonheur de Norma,
Et je le jure encor. Quoi! d'une ame commune
Songeant à mon amour devant tant d'infortune,
Couronnant vos malheurs, et sur votre tombeau,
De cet ingrat hymen allumant le flambeau;
J'irais... Ah! que plutôt aux pieds de nos dieux sombres
Le voile d'Irminsul me couvre de ses ombres;
Qu'il attache à mon front les glaces du trépas...

NORMA.

Quoi! l'amour dans ton cœur!!!

ADALGISE.

Qui! moi... je n'aime pas.
Pollion, lorsqu'ici tant d'amour l'environne,
Resterait étranger à la mort qu'il vous donne;
Et ce héros si fier n'aurait d'autre valeur,
Que d'insulter une ame et de briser un cœur!

ACTE III, SCÈNE III.

Non, déjà ses regrets ont suivi vos alarmes,
Et déjà sur son cœur il sent tomber vos larmes.
Égarement d'un jour, délire, et c'est moi... moi!!

NORMA.

Tu mérites, enfant, l'amour qu'il a pour toi.
Mais moi, prêtresse impie, amante illégitime,
Arrivée aux tourmens en passant par le crime...
Sa haine, en ses adieux, n'a que trop éclaté.

ADALGISE.

Vos reproches peut-être ont aigri sa fierté.
Il est Romain; l'orgueil qui dans son cœur fermente
Croit, comme l'univers, asservir une amante.
Peut-être qu'offensant ce superbe vainqueur,
Vos dédains trop amers...

NORMA.

Oui, j'ai parlé du cœur.
Mais quel est ton espoir enfin? c'est toi qu'il aime;
C'est toi seule, Adalgise.

ADALGISE.

Eh! le sait-il lui-même?
Le dirai-je? souvent, jusque dans ses transports
Son amour ressemblait à la voix du remords;
Comme si, dans l'instant qu'il me rendait hommage,
Il voyait entre nous passer une autre image.

NORMA.

Tu ne me trompes pas?

ADALGISE.

Oh! non...

NORMA.

Quoi! ce lien...
Puis-je lui pardonner et son crime... et le mien?
Dans quels égaremens m'a jeté ma misère!...

ADALGISE.

Mais, de ses fils, Norma, vous êtes toujours mère,
Ils pleurent devant vous; et quand je le défends,
Son pardon est écrit au cœur de vos enfans.

(*aux enfans.*)

Joignez-vous à mes vœux; est-ce en votre présence
Que Norma peut encor douter de sa puissance?

AGÉNOR.

Il reviendra, ma mère, ô pardonne à ton tour!..

CLODOMIR.

Ne rends pas orphelins les fils de ton amour.

AGÉNOR.

Veux-tu que leur malheur sur toi seule retombe?
Si près de leur berceau, veux-tu marquer leur tombe?

NORMA.

Moi, que j'augmente encor la rougeur de mon front!
Que je descende encor plus bas que mon affront!
Votre mère déjà n'est que trop avilie :

(*à Adalgise.*)

Il croira qu'en tes pleurs c'est moi qui le supplie.
Pardonne...

ADALGISE.

Je réponds de lui, de son remord.

AGÉNOR.

Tu ne peux le punir sans nous donner la mort.

NORMA.

La mort! oh! non, jamais... Cependant, Adalgise,
Si tes pleurs en vain...

ADALGISE.

Non, non...

NORMA.

Mon ame indécise...

ACTE III, SCÈNE III.

ADALGISE.

Je pars.

(*Elle sort.*)

NORMA.

Si ses efforts n'étaient que superflus...
Venez, mes fils...

AGÉNOR.

Demain, tu ne pleureras plus.

FIN DU TROISIÈME ACTE.

ACTE IV.

Le théâtre représente la forêt sacrée des druides ; le chêne d'Irminsul, chargé des armes des Gaulois, occupe le milieu de la scène ; une pierre druidique est au milieu.

SCÈNE PREMIÈRE.

NORMA, *seule*.

Oh! oui, son repentir me le ramènera ;
J'en veux croire Adalgise et mon cœur... Il viendra.
S'il ne revenait pas... plus épris de son crime,
Si son cœur... Refermons cet effroyable abîme,
Dont l'image à mon front rend toute sa pâleur ;
L'ame n'a plus d'asile où fuir tant de malheur.
Ah! reviens, Pollion... oui, mon ame plus tendre
Se souvient du bonheur pour aimer et t'attendre.
Elle excuse des torts par les pleurs expiés.
Viens, que je puisse encor te revoir à mes pieds,
Tel que tu m'apparus après une victoire,
Quand l'amour m'enchantait sous les traits de la gloire,
Et que dans ces instans de bonheur et d'effroi
Je retrouvais ce ciel que j'ai perdu pour toi.
Oui, j'ai pardonné... viens... tout mon cœur te réclame.
Clotilde...

SCÈNE II.

NORMA, CLOTILDE.

CLOTILDE.

Rassemblez les forces de votre ame...

NORMA.

Que veux-tu dire?...

CLOTILDE.

Hélas!

NORMA.

Quoi! mon perfide amant...

CLOTILDE.

Les larmes d'Adalgise ont coulé vainement.

NORMA.

Qu'entends-je? et j'acceptai ce funeste service!
De sa fausse pitié je comprends l'artifice.
Clotilde, elle feignait de plaindre mes douleurs,
Pour aller devant lui s'embellir de ses pleurs.

CLOTILDE.

Oh! ne le croyez pas... Triste et désespérée,
Au temple de vos dieux chastement retirée,
Elle fuit Pollion... lui par les immortels,
A fait l'affreux serment d'aller jusqu'aux autels
Réclamer Adalgise, et d'une main fumante,
Au dieu qui la protége enlever son amante.

NORMA.

Lui, Pollion! ce traître... ah! qu'il vienne... ô fureur!

CLOTILDE

Ces lieux vont se changer en théâtre d'horreur...

NORMA.

Oui, le sang va couler; tous les Romains... Vengeance!
Allons... Il faut... Je veux...

CLOTILDE.

Votre père s'avance..

(*Norma parle bas à Clotilde qui se retire pour exécuter son ordre dans la forêt sacrée.*)

SCÈNE III.

LES PRÉCÉDENS, OROVÈZE, SÉGESTE, DRUIDES, VIERGES, GAULOIS.

OROVÈZE.

Adalgise à l'autel demande en ce moment,
Ma fille, à s'engager par son dernier serment.
Suis-nous, viens présider à cette offrande sainte.

NORMA.

Irminsul a parlé dans la terrible enceinte;
Il veut du sang.

OROVÈZE.

Du sang?...

NORMA.

Oui, celui des Romains.

OROVÈZE.

Toi-même, hier encore, a désarmé nos mains;
Une nouvelle paix, par tes conseils jurée...

NORMA.

J'étais aveugle hier, les dieux m'ont éclairée.
Ils ont changé mon ame, et d'un bras irrité
Fait tomber le bandeau de ma crédulité.
La mort des Romains.

OROVÈZE.

Ciel!

SÉGESTE.

Écoutons la prêtresse.

(*Tout le fond du théâtre s'illumine et laisse voir les prodiges de la forêt sacrée.*)

NORMA.

Voyez luire, Gaulois, la flamme vengeresse !
Entendez-vous ces cris ?

SÉGESTE.

Meure un peuple odieux !...

NORMA.

Sur mon front pâlissant de la terreur des dieux,
Voyez-vous s'agiter le rameau prophétique !

SÉGESTE.

Prêtresse d'Irminsul, monte à l'autel antique ;
Fais parler son oracle, et dans ces bois sacrés
Nos harpes soutiendront tes accords inspirés !

(*La symphonie se fait entendre et Norma monte sur la pierre druidique. Les prodiges de la forêt sacrée recommencent.*)

NORMA, *du haut de la pierre druidique.*

Oui, les dieux à votre esclavage
Ont cessé d'être indifférens,
Vous qui creusez sur ce rivage
Le sillon douloureux qui nourrit vos tyrans ;
De vos débris couvrant son onde,
Le Tibre ensanglanté débordait sur le monde,
Qu'il rentre dans ses profondeurs !
Quel Brennus, des Romains viendra briser la lance,
Et jettera dans la balance
Un fer qui pèse plus que toutes leurs grandeurs !

(*Symphonie et prodiges.*)

Assez, assez long-temps Rome fut votre reine,
Gladiateurs, jetés aux tigres de l'arène ;
Assez de vils combats ont dégradé vos mains ;

Cherchez pour la victoire un plus noble théâtre :
Ne savez-vous mourir, guerriers d'amphithéâtre,
    Que pour amuser les Romains?
Que je hais les Romains! ils sont cruels, perfides,
    Sacriléges, fallacieux,
  Et par des sermens parricides
Ils placent leurs forfaits sous la garde des cieux.
    Effaçons leurs noms de la terre :
    Haine, vengeance, liberté ;
Ne laissons plus gémir le monde tributaire
Sous le poids accablant de leur éternité.
Brisons leur joug sanglant, rejetons leur tutelle.
Mais quel sort glorieux nos fils vont obtenir!
La Gaule, sous mes yeux, libre, fière, immortelle,
    Brille au flambeau de l'avenir.

    (Symphonie et prodiges.)

France, France! c'est toi, j'ai dû te reconnaître.
    La nuit où mon œil te voit naître
    Rayonne d'exploits éclatans;
Ton astre, qui se lève, éclaire tous les temps.
La victoire, couvrant ton berceau d'étincelles,
T'emporte avec amour sur ses brillantes ailes.
    D'où *te viennent de tout côté*
Ces héros te donnant leur immortalité?
    Quel Dieu, dans ta course infinie,
Prête au monde étonné l'élan de ton génie?
    Tu marches jusqu'en tes revers
    En avant de toutes les gloires,
    Et mon œil parcourt l'univers
    A la trace de tes victoires.
    Devancez ces jours immortels,
Prêtez votre valeur dans le champ des alarmes
    A l'oracle des saints autels.

ACTE IV, SCÈNE III.

Aux armes! fiers Gaulois!...
(*Tous les Gaulois frappent leurs boucliers.*)
       Aux armes!

OROVÈZE.

Jurons d'exterminer ces Romains odieux;
Toujours leur sang versé fut agréable aux dieux;
Mais pour mieux consacrer les sermens de la haine,
Jetons-leur à ces dieux une victime humaine.
Norma, viens à l'autel, d'un bras ensanglanté,
Leur payer la rançon de notre liberté;
Nous relevons la Gaule au bord du précipice.
Par la mort d'un captif rends Irminsul propice.

SÉGESTE.

Du sang!

PREMIER GROUPE.

  Du sang!

DEUXIÈME GROUPE.

   Du sang!

OROVÈSE.

     Remplis ce vœu sacré.

NORMA.

Qu'on cherche une victime et je l'immolerai.

SÉGESTE.

Sur quel front tombera le sentence suprême?
Nul captif dans nos mains...

NORMA, *à part.*

     Si je m'offrais moi-même.
Non, les Dieux indignés... Mais d'où viennent ces cris?

SCÈNE IV.

LES PRÉCÉDENS, SIGISMAR.

OROVÈSE.

Sigismar...

SIGISMAR.

Un Romain par nos prêtres surpris,
Cherchait à pénétrer dans la pieuse enceinte
Qui des vierges des dieux garde la troupe sainte.

NORMA.

Un Romain ! si c'était...

SÉGESTE.

Vengeance !

OROVÈSE.

Est-il frappé ?

SIGISMAR.

De nos guerriers soudain partout enveloppé,
On le traîne en ces lieux. Prononcez sur son crime.

OROVÈSE.

Les dieux à leur autel amènent la victime.

SÉGESTE.

Du sang !

PREMIER GROUPE.

Du sang !

DEUXIÈME GROUPE.

Du sang !

OROVÈSE.

Son dernier jour a lui.
Sous le chêne sacré qu'on l'immole.

NORMA.

Ah ! c'est lui :
Il tombe entre mes mains.

SCÈNE V.

LES PRÉCÉDNES, POLLION, *que l'on traîne enchaîné sur le théâtre.*

OROVÈSE.

Ennemi sacrilége,
Qui braves de nos lois le sanglant privilége,
Pourquoi dans nos lieux saints égarais-tu tes pas?

POLLION.

Esclave gaulois, frappe, et n'interroge pas.

NORMA, *se tournant vers Pollion.*

C'est moi qui frapperai.

POLLION, *apercevant Norma.*

Grands dieux! Norma!

OROVÈSE.

C'est elle
Qu'on charge d'accomplir la sentence mortelle.
Druidesse, il est temps : à périr condamné,
Qu'il soit, jusqu'à l'autel, par ses cheveux traîné.
Chêne aux rameaux sacrés, sanglans, chargés d'armures,
Accepte la victime avec d'affreux murmures;
Et que son cœur coupable, expiant son dessein,
Soit, tout fumant encore, arraché de son sein.

(*Il prend un poignard sur l'autel et le donne à Norma.*)

NORMA.

Oui, frappons... Je frémis...

OROVÈSE.

Sa mort est légitime.

POLLION.

La prêtresse a tremblé, mais non pas la victime.
Sois calme comme moi.

NORMA.

Dieux!

POLLION.

Les Romains, vois-tu,
Savent braver la mort.

NORMA.

C'est toute leur vertu.

POLLION.

Il doit vous être doux de m'arracher la vie.

NORMA.

Oui, déchirer ton cœur est ma plus chère envie.

(*à part.*)

Quoi! je puis me venger, et j'hésite... oh! non, non ;
Ce fer...

POLLION.

Qu'attendez-vous?

OROVÈSE.

Un Romain!!!

NORMA, *à part.*

Pollion!!!

POLLION.

N'oses-tu de tes dieux, Norma, venger l'injure?

NORMA.

J'invente des tourmens égaux à ton parjure.

SÉGESTE.

Frappez!

LE PEUPLE.

Frappez!

NORMA, *après un moment d'hésitation.*

Le Dieu qui vient de me parler
Commande qu'en secret, avant de l'immoler,
J'interroge ce traître... Il allait s'introduire
Dans nos asiles saints ; qui pouvait l'y conduire?...
Gaulois, éloignez-vous ; que je lui parle... Allez.

(*Les Gaulois se retirent au fond du théâtre.*)

ACTE IV, SCÈNE V.

OROVÈSE.

Pour que de vains secrets ici soient révélés,
Tu retardes sa mort...

NORMA.

Je la rends plus cruelle.
Mon père, éloignez-vous, laissez-nous...

POLLION, *à part.*

Que veut-elle?

NORMA.

Tu le vois, dans mon cœur je ne sais quel retour...
Je te méprise trop pour t'arracher le jour;
Mais il faut me jurer à l'instant, ici même,
Sur les jours de tes fils, et par ton Dieu suprême,
D'oublier Adalgise, et calmant son effroi,
De respecter l'autel qui la défend de toi;
A ce prix, ce prix seul, malgré ma juste haine,
J'apaise la révolte et je brise ta chaîne.
Jure...

POLLION.

Quoi! ce serment pour racheter mes jours!

NORMA.

Ce serment, ce serment, et fuis-moi pour toujours.

POLLION.

Frappe, qu'aucun remords ici ne te retienne.

NORMA.

Sais-tu que ma fureur peut surpasser la tienne?
Sais-tu qu'on doit frémir pour nos fils malheureux?
Et que ce poignard....

POLLION.

Ciel!

NORMA.

Il s'est levé sur eux;
Oui, sur eux, pour punir le crime de leur père,

J'ai voulu, cette nuit, dans leur sang... moi ! leur mère !
POLLION.
Non, je ne vous crois pas ; non, vos ressentimens...
NORMA.
Par ce projet affreux, juge de mes tourmens ;
Cède : crains le forfait que ma voix te révèle ;
Il suffit d'un instant pour qu'il se renouvelle,
D'un seul instant...
POLLION.
    La mort, que j'attends sans terreurs,
Va m'affranchir enfin de toutes tes fureurs.
Donne ce fer... mon bras...
NORMA.
     Sais-tu que sur ta tombe
Tous les Romains frappés serviront d'hécatombe?
Sais-tu dans ces forêts quels cris vont retentir ?
Pour aller brûler Rome on demande à partir.
Songes-y ; n'attends pas que ma fureur augmente ;
Renonce à ton amour...
POLLION.
   Jamais !
NORMA.
     Et ton amante...
Ne crains-tu rien pour elle ?...
POLLION.
    Adalgise !... grands dieux !
NORMA.
Elle brûla pour toi d'un amour odieux,
Elle trahit ses vœux, elle fut ta complice,
Tu le veux... ton refus la condamne au supplice !
POLLION.
Oses-tu ?
NORMA.
Pollion sera son assassin.

ACTE IV, SCÈNE V.

POLLION, *se jetant à ses pieds.*

Grace pour Adalgise!

NORMA.

Ah! tu trembles, enfin.

POLLION.

Adalgise n'a point mérité votre haine.

NORMA.

L'effroi de son trépas à mes pieds te ramène :
C'est bien tard.

POLLION.

Dans mon sort pourquoi l'envelopper?

NORMA.

Oui, oui, c'est à son cœur que je veux te frapper :
Là tu crains mes coups; là, d'une main calme et sûre,
Je puis à mes tourmens égaler ta blessure.
Oui, déjà ta terreur répond à mon transport;
Déjà dans tes regards je jouis de sa mort.

POLLION.

Ah! donne-moi ce fer...

NORMA.

Gaulois!

POLLION.

Ce fer...

NORMA.

Mon père!

DROVÈSE, *accourant avec les Gaulois.*

Tu portes sur ma fille une main téméraire!

POLLION.

C'était pour m'immoler...

NORMA.

Je viens d'interroger,
En présence du ciel, ce perfide étranger :
J'ai su... j'apprends... Il faut une double victime;
Une vierge infidèle a partagé son crime;

Et, sous l'œil de nos dieux qui ne l'effrayaient pas,
Dans l'enceinte sacrée elle attirait ses pas.

SÉGESTE.

Une vierge infidèle!...

OROVÈSE.

O crime! ô flamme impie!
Dans les feux du bûcher que son amour s'expie!

POLLION.

O terreur!

SÉGESTE.

Qu'elle meure avec lui!

NORMA.

Tu l'entends!

OROVÈSE.

Prolongeons les douleurs de ses derniers instans.
Des dieux qu'elle a trahis jusqu'en leur temple même,
Attachons sur son front la colère suprême,
Et qu'un même bûcher, sous leurs pieds s'allumant,
Unisse dans ses feux l'impie et son amant.

SÉGESTE.

Qu'elle nous soit livrée!

OROVÈSE.

Il faut les satisfaire.
Le nom de la coupable...

NORMA, *à part*.

O ciel! que vais-je faire?
Par quel crime nouveau!...

SÉGESTE.

Parlez!

LE PEUPLE.

Parlez!

POLLION.

Eh quoi!!!

ACTE IV, SCÈNE V.

SÉGESTE.

Son nom?

NORMA.

C'est...

POLLION.

Malheureux !

OROVÈSE.

Quelle est-elle?

NORMA.

C'est moi.

SÉGESTE.

Comment !

POLLION.

Qu'ai-je entendu?

OROVÈSE.

Toi, ma fille...

NORMA.

Moi-même,
Moi l'épouse des dieux, sacrilége, anathème,
Moi qu'un perfide amant jura d'aimer toujours,
Moi qu'il abandonnait, quand je sauvais ses jours,
Moi qui cherche à mourir et sans qu'il en pâlisse ;
Le rejoins malgré lui dans un même supplice.

OROVÈSE.

Tu nous trompes; non, non, ces aveux insensés...

POLLION.

Ah ! que ma mort suffise à vos dieux offensés ;
Gaulois ! n'en croyez pas le transport qui l'anime.

NORMA.

Pour expirer sans moi, tu veux m'ôter mon crime ;
Quoi ! n'as-tu pas, sept ans, dans mes sens égarés,
Nourri l'affreux poison dont ils sont dévorés?
N'as-tu pas arraché de mon ame flétrie
Vœux, sermens immortels, vertu, parens, patrie?

N'es-tu pas mon amant... n'ai-je pas mérité
D'occuper aux enfers ma place à ton côté?

(*aux Gaulois.*)

Ah! ce cœur dont mes feux ardens étaient la vie,
Vous trahirait encor, s'il ne m'avait trahie.
J'ai levé vers le ciel mes adultères mains;
J'ai d'oracles menteurs protégé les Romains.
En y cachant les fruits d'une flamme exécrable,
J'ai profané des dieux l'asile impénétrable;
Je vous atteste tous, autels, rameau sacré
Dont s'environne encor mon front déshonoré!
Dieux sanglans, dieux jaloux, qui ne pouvez m'absoudre,
Proclamez mon forfait par le bruit de la foudre!
Et vous, armes d'airain, qui tressaillez d'effroi,
Sur mon front criminel tombez, écrasez-moi!

(*elle tombe sur l'autel.*)

OROVÈSE.

Où suis-je? ô nuit horrible! ô comble de misère!

NORMA, *à genoux.*

Pour monter au bûcher maudissez-moi, mon père.

OROVÈSE, *posant ses mains sur le front de Norma.*

Dieux, qui restez muets, un père en frémissant
A vos justes arrêts livre son propre sang.
Oui, que ma fille... hélas! quelle horreur m'environne!
Elle était du vieillard la joie et la couronne.
C'est elle que bientôt, dans mes derniers adieux,
Mon ame aurait bénie, en montant vers les dieux;
Et le rameau sacré qui de sa tête tombe,
Aurait pour nos autels refleuri sur ma tombe.
Je la maudis; tu vas mourir dans l'abandon;
Aux dieux, pour ton forfait, j'interdis le pardon.
En horreur à ce ciel qui t'a désavouée,
Vas cacher aux enfers ta tête dévouée,

ACTE IV, SCÈNE V.

Et passer, sous le poids des arrêts paternels,
Du bûcher redoutable aux tourmens éternels.

POLLION.

Ah! peux-tu donc flétrir par cet horrible hommage
Ces dieux que ta démence a faits à ton image!
Barbare...

OROVÈSE.

Conduisez ce perfide et Norma
Vers le bûcher divin que la foudre alluma.

POLLION, *à Norma.*

Malheureuse! et c'est moi, moi, qui t'ai réservée
Au sort...

NORMA, *à Pollion.*

Ne te plains pas, Adalgise est sauvée.

SIGISMAR, (*rentrant précipitamment.*)

Les bataillons romains s'élancent vers ces lieux.

POLLION.

Ils viennent!!!

OROVÈSE.

Protégeons la vengeance des dieux.

FIN DU QUATRIÈME ACTE.

ACTE V.

Le théâtre représente un lac et une suite de cavernes; un pont de rochers traverse le fond du théâtre.

SCÈNE PREMIÈRE.

OROVÈSE, SÉGESTE.

OROVÈSE.
Quoi ! Pollion échappe à ma juste fureur !..
SÉGESTE.
La forêt druidique en sa profonde horreur,
N'étalait point encor les prodiges sauvages
Dont un ciel formidable a peuplé ces rivages,
Et l'ombre de la nuit, funeste à la valeur,
Des spectres de nos dieux nous voilait la pâleur.
Nous conduisions les pas de ce couple anathême
Au bûcher qu'on voyait s'allumer de lui-même;
Irminsul attendait sur son autel d'airain,
Quand tout à coup le cri du peuple souverain
Éclate, et des Romains les phalanges guerrières
De la forêt terrible arrachent les barrières.
Ils entrent, on s'attaque... au carnage animés,
Les uns chargent leurs bras de chênes enflammés;
D'autres vont dépouiller, pour agrandir sa gloire,
L'arbre antique où nos dieux suspendent la victoire,
Et laissent dans les bois qu'ils ont osé chercher
Plus d'un Romain couvert des débris du bûcher.

Sur ses feux amortis le sang tombe et ruisselle,
Chaque glaive combat, chaque armure étincelle,
Un double éclair jaillit du choc des doubles rangs ;
On frappe, on vient mourir sur les corps des mourans.
La victoire hésitait dans ces momens suprêmes.
J'ai vu soudain, forcés à se défendre eux-mêmes,
Tous nos dieux, du triomphe ardens avant-coureurs,
Au secours de nos bras envoyer leurs terreurs.
Je les ai vus, au bruit des foudres et des chaînes,
Suspendre leur fantôme aux rameaux des grands chênes,
Se balancer dans l'ombre immense, et de leurs voix
Grossir le bruit sanglant de l'airain des pavois.
Chaque arbre nous envoie un spectre tutélaire ;
D'Irminsul embrasé tout le combat s'éclaire ;
Et des pâles Romains qu'aveuglent leurs flambeaux,
Cet orage de dieux emporte les drapeaux.
Tout présage aux Romains une chute prochaine,
Mais de leur chef impie ils ont brisé la chaîne.

OROVÈSE.

Pollion...

SÉGESTE.

Il est libre.

OROVÈSE.

Et Dieu déshonoré.

SÉGESTE.

Norma seule demeure en ton pouvoir sacré,
Et le ciel a frappé son ame de démence.

OROVÈSE.

De son supplice affreux que l'apprêt recommence :
Oui, nos dieux sont privés d'un sang qui leur est dû,
Mais ma fille me reste, ils n'ont pas tout perdu.
Je n'y survivrai pas, la tombe me réclame ;
Que mon dernier regard voie allumer la flamme.
Relevez le bûcher d'Irminsul.

SCÈNE II.

OROVÈSE, ADALGISE.

ADALGISE.

Oh! non, non;
Tant d'horreur...

OROVÈSE.

Que demande Adalgise?

ADALGISE.

Un pardon;
Le pardon de Norma...

OROVÈSE.

Jamais.

ADALGISE.

De votre fille.

OROVÈSE.

Elle avait de nos dieux adopté la famille.
Mais de ces lieux cachés qui t'ouvrit les chemins?
Réponds-moi, d'où viens-tu?

ADALGISE.

Moi! du camp des Romains.
Oui, j'ai vu Pollion, son repentir l'accable;
Oh! ne prononcez pas l'arrêt irrévocable.
De Norma, son amante, il réclame la main;
Il veut au Capitole inscrire son hymen;
Et que Rome, devant sa pompe solennelle,
Consacre avec la Gaule une paix éternelle.

OROVÈSE.

Un hymen... le bûcher servira de flambeaux,
La paix que je lui jure est celle des tombeaux.

ADALGISE.

Mais Norma...

ACTE V, SCÈNE II.

OROVÈSE.

La prêtresse a flétri sa mémoire,
Son supplice lui rend une part de sa gloire.
La mort pour le coupable est un don précieux,
C'est l'expiation qui nous r'ouvre les cieux.

ADALGISE.

Son remords doit suffire et vous pouvez l'absoudre.

OROVÈSE.

Il ne faut pas tomber lorsqu'on porte la foudre.

ADALGISE.

Éteignez le bûcher par vos mains rallumé.

OROVÈSE.

Le feu du ciel s'éteint quand tout est consumé.

(*Il sort.*)

SCÈNE III.

ADALGISE, puis AGÉNOR.

ADALGISE.

Ah ! Je fuis pour toujours le temple inexorable
Où le remords n'a pas d'asile secourable.
Oui, je change d'autels, et sans savoir ton nom,
Dieu qui viens révéler le culte du pardon,
J'invoque pour Norma, dans mes tristes alarmes,
Ce ciel du repentir toujours ouvert aux larmes :
Quoi ! repoussant les pleurs dont mes yeux sont noyés,
L'inflexible vieillard...

AGÉNOR, *de loin*.

Oh ! qui que vous soyez...

ADALGISE.

Agénor ! ! !

AGÉNOR.

Adalgise ! ! entends ma plainte amère,

Et pour me secourir viens, viens sauver ma mère;
Ses transports inconnus, ses affreuses douleurs,
Son rire amer, mêlé d'intarissables pleurs;
La pâleur de ses traits où la mort est vivante;
Jusques entre ses bras m'ont glacé d'épouvante :
Immobile, l'œil fixe, et les cheveux épars,
On chercherait en vain son ame en ses regards.
Sans souvenir, en proie au chatiment céleste,
Sa veille douloureuse est un rêve funeste :
Elle voit des objets que l'œil n'aperçoit pas,
Frémit, les interroge, et leur répond tout bas.
J'ai voulu lui parler... elle a dans sa misère,
A force de tourmens, oublié qu'elle est mère.
A ses yeux, à son cœur étranger désormais...

ADALGISE.

Juste ciel ! sa raison...

AGÉNOR.

Éteinte pour jamais.
Elle habite à présent cet antre funéraire
Où le sommeil dans l'ombre avait surpris mon frère;
Car ces horribles lieux nous servent de prison.

ADALGISE.

La voix de son époux rappelant sa raison...

AGÉNOR.

La voix de son époux doit-elle encor l'entendre?

ADALGISE.

Les dieux m'inspirent; oui, près d'elle va m'attendre.
Pollion peut encor, d'un pas silencieux,
Franchir les noirs sentiers du bois fallacieux.
Sans gardes; seule ici... de ces rocs solitaires,
Je sais tous les détours, je sais tous les mystères;
Nous la délivrerons : ne m'abandonne pas,
Dieu juste, et dans ces bois marche devant mes pas.

ACTE V, SCÈNE III.

AGÉNOR.

Écarte du chemin les obstacles funèbres,
Qu'on ne l'entende pas glisser dans les ténèbres.

(*Apercevant Norma.*)

O ciel ! ! !

SCÈNE IV.

NORMA, AGÉNOR.

(*Norma fait son entrée avec tous les signes de la folie, et un rire déchirant.*)

NORMA.

Personne ici ne m'aura vue, oh ! non...
Seule !...

AGÉNOR.

Reviens à toi... Norma.

NORMA.

Qui sait mon nom ?

AGÉNOR.

C'est moi, c'est Agénor ton fils.

NORMA.

(*Elle porte la main à sa ceinture, et fait un geste comme si elle donnait un coup de poignard.*)

Mon fils... encore ! ! !
Dieux ! dieux témoins muets du mal qui me dévore,
Je vous maudis...

AGÉNOR.

Commande à tes sens éperdus,
Ces dieux te puniraient.

NORMA.

Ils ne le peuvent plus.

(*Elle s'assied sur un rocher qui occupe le devant de la scène.*)

AGÉNOR.

Et Clodomir, mon frère...

NORMA.

Il est là... qui sommeille.
Dieu! qu'il est pâle... dors... dors, mon fils, moi je veille.
Que ce sommeil est long... s'il était éternel....
Essayons près de lui quelque chant maternel
Dont le charme le flatte, et la douceur l'attire ;
Je veux, à son réveil, le regarder sourire ;
Je veux... mais, quoi! son cœur ne bat plus sous ma main,
Un souffle faible et froid s'échappe de son sein ;
Son sang coule!... mon fils, que ma voix te rassure ;
J'ai des secrets puissans pour guérir ta blessure,
Je suis magicienne.

AGÉNOR.

A quel affreux poison
Les dieux qu'elle servait ont livré sa raison !

NORMA.

Non, la forêt sacrée a perdu ses miracles,
Les ombres de mon ame ont voilé les oracles,
Les dieux m'ont retiré leur céleste flambeau.
Que le chemin est long de leur temple au tombeau !!!
Enfant, quelle est ta mère?...

AGÉNOR.

O dieux!..

NORMA, *elle l'attire sur ses genoux.*

Il m'intéresse...
N'a-t-on pas dans le temple élevé ta jeunesse?

ACTE V, SCÈNE IV.

AGÉNOR.

Oui...

NORMA.

Tout ce qu'on cachait à l'ombre des autels
Doit être, en sacrifice, offert aux immortels.
Te l'a-t-on dit?

AGÉNOR.

Oh! non...

NORMA.

Pour ce sombre mystère,
J'ai jeté trois poignards dans le lac solitaire.

AGÉNOR.

Écarte de tes sens ce prestige trompeur.

NORMA.

Mais, j'ai gardé le mien...

AGÉNOR.

Comme tu me fais peur!
Sur tes genoux tremblans ta main froide retombe :
On dirait que ta voix sort du fond d'une tombe.

NORMA, *elle se lève.*

Tu me prends pour un spectre échappé du trépas,
Mais je vis... mon cœur bat... regarde... n'est-ce pas?
Je vis...

AGÉNOR.

Ah! reconnais ton enfant qui t'implore,
Je suis Agénor.

NORMA.

Toi!..

AGÉNOR.

Ma mère...

NORMA.

Parle encore.
Oui, oui, j'ai reconnu ta voix... Dieux ennemis,
Rendez-moi ma raison pour embrasser mon fils!

C'est lui, c'est Agénor qu'entre mes bras je presse.
AGÉNOR.
Tu dois me reconnaître au moins à ma tendresse.
NORMA.
Agénor, mon enfant... Mais viens-tu me chercher ;
Est-ce déjà l'instant de monter au bûcher ?
Pollion a voulu ma mort...
AGÉNOR.
Sèche tes larmes,
Il vient te sauver.
NORMA.
Oui,.. j'ai préparé des charmes
Pour l'attirer dans l'ombre... il viendra... point de bruit.
On célébrait l'hymen d'Adalgise à minuit,
Et, soudain, sur l'autel dépouillé de guirlande,
Deux enfans égorgés ont remplacé l'offrande.
Souviens-toi de ton rêve.
AGÉNOR.
O ciel!
NORMA.
Pourquoi trembler?

SCÈNE V.

LES PRÉCÉDENS, **POLLION**, DEUX ROMAINS.

AGÉNOR.
Viens, mon père... tu vois...
POLLION.
Je n'ose lui parler.
Mais le temps presse, il faut la sauver de leur rage.
(*Il s'approche avec hésitation de Norma, et s'arrête.*)
NORMA.
C'est la première fois que je vois ton visage,
Que me veux-tu?

ACTE V, SCÈNE V.

POLLION.

Norma.

NORMA.

Je ne suis plus Norma,
Je le fus tout le temps que Pollion m'aima.

AGÉNOR.

Il t'aime encore.

NORMA.

Il m'aime...

POLLION.

Oui, son remords l'atteste.

NORMA.

Veux-tu donc m'enlever le seul bien qui me reste,
M'empêcher de mourir en me parlant ainsi?

POLLION.

Tes bourreaux vont venir, éloignons-nous d'ici.

NORMA.

Il m'aime, qu'il revienne en nos forêts antiques.
Oui, je l'enivrerai de mes philtres magiques,
Et je le conduirai, fière de le chérir,
Dans des lieux où l'amour ne fasse pas mourir.
Je suis si malheureuse...

POLLION.

Oh! sors de ton délire.
Viens.

NORMA.

Juge de mes maux en voyant mon sourire.

POLLION.

Malheureux Pollion!

NORMA.

Si tu le vois demain,
Dis-lui que je suis morte et qu'il est libre enfin.

POLLION, *la saisissant.*

Il faut...

NORMA.

Qu'espères-tu de cette violence?...
Je suis Prêtresse encor. Gaulois!... Gaulois!...

POLLION, *à genoux*.

Silence!...
Un seul cri, c'est la mort pour tous deux!... et c'est moi!...
Oh! que ma voix encore arrive jusqu'à toi,
Qu'en prononçant ton nom elle soit reconnue.
Au comble du malheur par moi seul parvenue,
Vois mes pleurs, mes tourmens, mes éternels remords;
Que j'évoque ton ame errante chez les morts!
Que tes regards... mais non, malheureuse victime,
Détourne-les plutôt, j'y lirais trop mon crime;
Cesse de prolonger cet horrible entretien;
Oui, mon égarement ressemblerait au tien!

NORMA.

Entends le lac mugir... la fraîcheur de son onde
Apaiserait mon sang!...

AGÉNOR.

Que ta voix lui réponde :

POLLION.

Hier, tu pardonnais...

NORMA.

Il se souvient d'hier!...
Sur la terre un tombeau, dans la tombe l'enfer;
C'est mon crime!...

AGÉNOR.

A son cœur que le tien se confie.

POLLION.

Fuyons l'affreux bûcher.

NORMA.

Le bûcher purifie.

ACTE V, SCÈNE V.

POLLION.

Je saurai, malgré toi, t'empêcher de mourir!
Norma!...

(*Il veut l'entraîner.*)

NORMA.

Ce n'est pas moi que tu dois secourir;
C'est un autre... là-bas... à gauche... l'on ignore...
Au bord du lac... Peut-être, il en est temps encore.
Par pitié, par pitié, cours, il est innocent;
Tu le retrouveras à la trace du sang;
Oui, vas, vas.

POLLION.

Agénor, qu'as-tu fait de ton frère?

AGÉNOR.

Il repose endormi sous ce roc solitaire.
La fatigue, les pleurs...

POLLION.

Cours soudain le chercher,

(*aux deux Romains.*)

Il faut, malgré ses cris, de ce lieu l'arracher.

(*Il la saisit.*)   (*Agénor entre dans la caverne.*)

NORMA.

Non, jamais...

POLLION.

Flavius, veille autour du bois funèbre.
Suis moi, Norma... viens.

AGÉNOR.

Ah!

POLLION.

Mon fils!...

AGÉNOR, *montrant le fond de la caverne.*

Là, là, dans l'ombre.

POLLION.

Clodomir...

AGÉNOR.

Il se meurt.

POLLION

Justes dieux ! quelle main ?...
Ah ! courons le sauver ou mourir.

AGÉNOR.

Dans son sein
Le fer était encor...

NORMA.

Que disent-ils, où suis-je ?

AGÉNOR, *en pleurant.*

Ma mère...

NORMA.

Encor des cris... toujours... quel noir vertige !...
Il pleure...

AGÉNOR.

On a tué mon frère, ô nuit d'effroi !

NORMA, *comme se réveillant d'un horrible songe.*

(1) Tué ton frère !... ah oui ! je me souviens, c'est moi...

AGÉNOR.

Vous ?

NORMA.

Il nous attend.

---

(1) Mademoiselle Georges s'élève ici jusqu'au sublime ; après avoir été tour à tour, dans les quatre premiers actes de Norma, la Niobé et la Médée des Grecs, la Frédégonde de Shakespeare et la Velléda de Châteaubriand ; après avoir parcouru le cercle entier des passions que peut renfermer un cœur de femme, on s'étonne qu'elle trouve encore des accens si déchirans et si pathétiques ; et il faut lui avoir vu jouer ces scènes de folie pour connaître toute la puissance de l'inspiration tragique, rendue plus frappante encore par le contraste du jeune Tom, qui a joué le rôle d'Agénor avec une grace et une suavité admirables.

ACTE V, SCÈNE V.

AGÉNOR.

Dieux !

NORMA.

On vient, suis-moi...

AGÉNOR, *avec un cri de terreur.*

Mon père !

NORMA.

Allons, ne tremble pas, tais-toi, je suis ta mère ;
Viens...

AGÉNOR.

Pourquoi m'entraîner dans ces affreux détours ;
Que voulez-vous de moi, ma mère ?

NORMA.

Viens toujours.
On m'attend, on m'attend.

(*Elle entre dans les rochers en entraînant son fils.*)

AGÉNOR.

Non!...

SCÈNE VI ET DERNIÈRE.

LES PRÉCÉDENS, OROVÈSE, DRUIDES, PEUPLE ET SOLDATS.
(*Ils entrent du côté opposé.*)

OROVÈSE.

De ces rochers sombres
Des pas inattendus ont profané les ombres ;
Et dans les profondeurs de ce lieu retiré,
On dit que Pollion lui-même s'est montré.
Qu'il meure ! Mais que vois-je ? et par quel nouveau crime ?...

(*On voit sortir de la caverne Pollion suivi de deux Romains qui portent son fils expirant*)

POLLION.

L'un de mes fils n'est plus ; Gaulois, prends ta victime ;

Je ne défendrai pas des jours infortunés
Qu'à d'éternels remords les dieux ont condamnés.
Clodomir...mais en vain je cherche ici son frère,
Il était demeuré seul, seul avec sa mère :
S'il fallait mesurer son crime à sa fureur?
Si le même trépas...

AGÉNOR, *sur le pont de rochers, séparé de la foule par le lac.*

Mon père...

POLLION.

Nuit d'horreur...

OROVÈSE.

Dieux!..

POLLION, *tombant à genoux.*

Grace!..

NORMA, *avec un sourire effroyable.*

Que ce gouffre est profond...quelle joie!...

AGÉNOR.

Laisse-moi vivre encor ;

NORMA.

Viens, je veux qu'il nous voie.
Il souffre comme moi.

AGÉNOR.

Oh! viens me secourir ;
Je succombe!..

(*Il s'évanouit aux pieds de Norma.*)

POLLION.

Mon fils ?

NORMA.

Il commence à mourir.

POLLION.

Oh! pitié pour lui...

ACTE V, SCÈNE VI.

TOUT LE PEUPLE, *à genoux.*

Grace!..

NORMA.

Aux bords de ces abîmes
Viens, viens d'un seul regard embrasser tous tes crimes,
Et de nos corps sanglans recherchant les lambeaux,
Épouser Adalgise, entre nos trois tombeaux.

(*Elle se précipite avec Agénor.*)

POLLION.

Ah ! je meurs !

OROVÈSE.

Tu vivras en proie à sa démence.
Son supplice finit ; Romain, le tien commence.

FIN DU CINQUIÈME ET DERNIER ACTE.

PIÈCES NOUVELLES.

Publiées par Barba.

FIFI LECOQ, ou une Visite domiciliaire.
L'INCENDIAIRE, ou la Cure et l'Archevêché, drame en trois actes.
LE BOA, comédie-vaudeville en un acte.
LA LETTRE DE CACHET, ou les Abus de l'Ancien Régime, mélodrame en trois actes, par M. Pigault-Lebrun.
DOMINIQUE, ou la Brouette du Vinaigrier, drame de Mercier, remis en un acte avec des couplets.
M. CAGNARD, ou les Conspirateurs, folie du jour.
LE CHARPENTIER, ou Vice et Pauvreté, vaudeville populaire.
LE MARÉCHAL BRUNE, ou la Terreur de 1815.
MONSIEUR MAYEUX, ou le Bossu à la Mode.
MADAME LAVALETTE, drame historique en deux actes.
BONAPARTE A L'ÉCOLE DE BRIENNE, ou le Petit Caporal, souvenirs de 1783, en trois tableaux.
NAPOLÉON, pièce historique en trois parties, mêlée de chants, suivie d'un épilogue.
NAPOLÉON, ou Schœnbrunn et Sainte-Hélène, drame historique.
L'EMPEREUR, événemens historiques.
LE COCHER DE NAPOLÉON, vaudeville-anecdote en un acte.
VOLTAIRE CHEZ LES CAPUCINS.
MONSIEUR DE LA JOBARDIÈRE, ou la Révolution impromptu.
27, 28 ET 29 JUILLET, tableau épisodique des trois journées.
LE TE DEUM ET LE TOCSIN, ou la Route de Rouen.
L'IVROGNE, drame grivois, mêlé de couplets.
LA FAMILLE DE L'APOTHICAIRE, ou la Petite Prude.
LES DRAGONS ET LES BÉNÉDICTINES, comédie en un acte, par M. Pigault-Lebrun, nouvelle édition.
LES DRAGONS EN CANTONNEMENT, ou la Suite des Bénédictines, comédie en un acte et en prose, par M. Pigault-Lebrun, nouvelle édition.

Tragédies de M. SOUMET.

Clytemnestre.
Saül.
Cléopâtre.
Jeanne-d'Arc.
Élisabeth de France.
Une fête de Néron.